社会资本
对企业投资区位选择的
影响研究

理论与经验证据

赵景艳 ◎ 著

中国财经出版传媒集团

经济科学出版社
Economic Science Press

·北 京·

图书在版编目（CIP）数据

社会资本对企业投资区位选择的影响研究：理论与
经验证据／赵景艳著．－－北京：经济科学出版社，
2024.9．－－ISBN 978－7－5218－6320－8

Ⅰ．F279.23

中国国家版本馆 CIP 数据核字第 2024DD1460 号

责任编辑：白留杰　凌　敏
责任校对：孙　晨
责任印制：张佳裕

社会资本对企业投资区位选择的影响研究
——理论与经验证据

SHEHUI ZIBEN DUI QIYE TOUZI QUWEI XUANZE DE YINGXIANG YANJIU
——LILUN YU JINGYAN ZHENGJU

赵景艳　著

经济科学出版社出版、发行　新华书店经销
社址：北京市海淀区阜成路甲 28 号　邮编：100142
教材分社电话：010－88191309　发行部电话：010－88191522
网址：www.esp.com.cn
电子邮箱：bailiujie518@126.com
天猫网店：经济科学出版社旗舰店
网址：http://jjkxcbs.tmall.com
北京季蜂印刷有限公司印装
710×1000　16 开　12.5 印张　198000 字
2024 年 9 月第 1 版　2024 年 9 月第 1 次印刷
ISBN 978－7－5218－6320－8　定价：52.00 元
（图书出现印装问题，本社负责调换。电话：010－88191545）
（版权所有　侵权必究　打击盗版　举报热线：010－88191661
QQ：2242791300　营销中心电话：010－88191537
电子邮箱：dbts@esp.com.cn）

前　言

　　投资是企业实现自我成长的战略选择，在不同地区投资不仅可以帮助企业获取与配置稀缺资源，提高生产率，同时也有利于增强企业的竞争优势。2008 年金融危机与新冠疫情暴发之前，很多国内企业倾向于海外投资，但前者的爆发使世界经济进入深度调整与变化阶段，而后者的蔓延又导致全球经济出现前所未有的复杂格局，不仅使企业海外投资受阻，全球价值链也开始呈现出本土化与区域化的特征。在当今世界面临百年未有之大变局之际，习近平总书记强调要充分重视并发挥国内超大规模的市场优势，这不仅为我国经济发展指明了方向，而且也为企业投资区位的选择探明了重点。作为资本跨地区流动的重要方式，探索企业投资区位选择的影响因素，引导并促进企业在不同地区投资，对构建国内市场大循环体系、发挥国内超大规模市场优势、推动区域协调发展，具有非常重要的现实意义。

　　目前，我国企业异地投资分布呈现出明显的"卢卡斯之谜"特征，即企业倾向于向发达地区投资，而非回报率较高的欠发达地区。有学者指出这种现象产生的原因在于制度环境的差异。但在我国经济转型发展的过程中，各地正式制度建设并不完全，而普遍存在的非正式制度，却对我国经济发展与市场经济活动发挥了重要的作用。作为非正式制度的重要内容，各地社会资本水平的差异是否构成了影响企业投资区位选择的因素？

　　为了回答这个问题，本书首先基于相关理论基础和文献资料，系统研究了社会资本影响企业投资区位选择的作用机理与影响渠道，并进一步构建理论模型，考察两者之间的数理关系。其次，分析了我国企业异地投资与各地区社会资本的发展现状，并通过绘制散点图，从直观上给出了两者的可能联系。再次，在理论分析的基础上构建计量模型，结合上市公司数据与各地区区位条件数据，实证检验各地社会资本水平对企业投资区位选择的作用效果与影响渠道。而后进一步分析了社会资本对企业投资区位选择的影响在地区与企业异质性中的差异化效果，探讨了社会资本的非线性影响与企业内部因素的调节作用。最后，总结研究结论，并针对性地提出了相关政策建议。

本书主要发现如下：

第一，在理论分析上，总结出社会资本影响企业投资区位选择的作用机理：事前阶段，通过信息传播与网络嵌入等功能降低企业投资准备阶段的阻力与成本；事中阶段，通过提高成员可信程度，弥补不完全契约的不足，减少企业投资签约过程中的交易成本；事后阶段，通过约束、规范与网络监督等功能，减少投资企业的监督与追偿成本。此外，结合社会资本的功能属性，本书认为社会资本可通过促进投资地金融发展、提高投资地集聚经济程度与政府治理水平以及调节经济政策不确定性的负面影响等渠道，间接影响了企业投资的区位选择。

第二，从特征事实来看，企业异地投资趋势在不断增加；第二产业企业异地投资的占比虽有波动，但仍高于第三产业的企业异地投资占比；进一步细分行业发现，异地投资企业主要分布在制造业和房地产业；东部沿海省份是企业异地投资较为青睐的地区；异地投资主体呈现多主体并存特征，但仍以民营和国有企业为主，国有企业异地投资具有新建子公司数少但投资规模较大的特征，而民营企业则与之相反。从社会资本的变化趋势来看：我国各地区社会资本水平在不断提升，但各地区的差距也在逐渐扩大；认知型社会资本具有东高西低的特征，结构型社会资本却表现出东部和西部省份较高、中部省份较低的哑铃型分布；运用Stata17绘制了社会资本与新建子公司数与投资规模的散点拟合图，结果发现社会资本与企业异地投资指标呈正相关关系。

第三，在实证研究上，本书发现社会资本对企业投资区位选择具有显著的正效应，经过一系列稳健性检验，验证了该结论的稳健性与可靠性。而后渠道检验发现：金融发展、集聚经济与地方政府治理水平在社会资本的影响过程中，发挥了部分中介作用；社会资本可以弱化经济政策不确定性的负面影响。以上结论表明社会资本确实可以通过金融发展、集聚经济、政府治理与经济政策不确定性等渠道影响企业投资的区位选择。

第四，从异质性结果来看，在经济发展水平较低、城镇化率较低、市场化水平较低以及西部和北方地区，结构型社会资本的影响显著为负，在其他地区的影响显著为正；认知型社会资本的作用始终为正，但其在市场化水平较低与西部地区的作用，明显高于在市场化水平较高与东中部地区的作用；结构型社会资本对成熟期企业与低生产率企业投资区位选择的影响更强；认知型与结构型社会资本对非国有企业投资区位选择的作用更明显；结构型社会资本对持有市场寻求型、战略寻求型、效率寻求型动机企业的投资区位选择有正向影响，但对资源寻求型企业的影响为负。认知型社会资本对持有市场寻求型与资源寻求型动机企业的投资区位选择影响显著为正，但对效率寻求型企业的影响显著为负；认知型社会资本对第一产业与劳动密集型行业中企业投资区位选择的影响相较于第二、第三产业和资本与技术密集型行业中企业的影响较小，结构型社会资本对第一产业企业的影响不显著，对劳动密集型行业企业影响相较于技术和资本密集型行业中的企业较小。

第五，从进一步分析来看，较高的社会资本综合水平会抑制企业在当地投资，会促使企业采取集中式的投资模式（子公司数较少，但整体投资规模较大）；社会资本总距离仅对企业异地新建子公司数有显著的负面影响，但整体上系数值较小。管理者的任期与政府部门工作经历正向调节了社会资本对企业投资区位选择的影响；管理者性别会负向调节社会资本对企业投资区位选择的影响。在企业决定在某地投资后，企业的投资经验会与当地社会资本形成协同效应，有助于企业扩大投资规模，但调节效应总体上比较小。

目
录
Contents

第一章 绪 论

第一节 研究背景与研究意义

一、研究背景

对外投资或异地投资，有助于企业获取其他地区的稀缺资源与先进技术（Luo and Tung，2007），有助于企业实现规模经济或范围经济（Caves，1996），同时还有利于降低经营成本与风险。然而，企业投资能否实现以上经济效应，关键还在于投资的区位选择。区位选择不同，企业面临的发展环境与风险也不同（祝继高等，2020；陈兆源等，2018）。有学者发现由于我国各地普遍存在的地方保护与市场分割现象，使得企业跨地区投资成本甚至高于对外投资成本（陈钊和陆铭，2009），结果导致很多企业纷纷投资海外市场（朱希伟等，2005）。国际市场投资的偏向性，虽然有助于企业自身的成长，但却给国内经济带来了较为严重的负面影响，如导致国内价值链空间重构（李楠，2020），产品价值锁定在价值链低端环节（任保全等，2016）以及区域发展不平衡等问题的出现。

后金融危机时代，"逆全球化"思潮的泛起与新冠疫情的暴发和蔓延，导致企业对外投资面临的系统性风险陡然增加。与此同时，经过改革开放40多年的发展，我国已经成长为经济总量世界第二、制造业生产能力世界第一、消费能力世界第二的超大规模经济体（黄群慧和陈创练，2021）。在此背景下，很多企业开始注重国内市场的开发，国内企业异地投资的趋势在不断增加（曹春方等，2015；郭凯，2016）。但进一步整理发现，企业投资的区位具有明显的偏向性，如图1.1所示。江苏、上海等沿海经济较为发达的地区对企业投资的吸引力较大，而青海、吉林和甘肃对企业投资的吸引力相对较小。这种现象反映了国内资本流动呈现出明显的"卢卡斯之谜"（Lucas，1990）特征，即依据资本逐利的特征，资本应流向资本短缺但回报率较高的欠发达地区，而非资本丰富但回报率较低的发达地区。从宏观层面来看，企业投资区位选择代表着资本流动的方向，若企业选择投资的区位过于集中，则可能会割裂地区间的经济联系，并扩大彼此间的发展差距。因此，探究企业投资区位选择的影响因素，引导企业合理投资，就成为当前学术界与政府部门关注的热点问题。

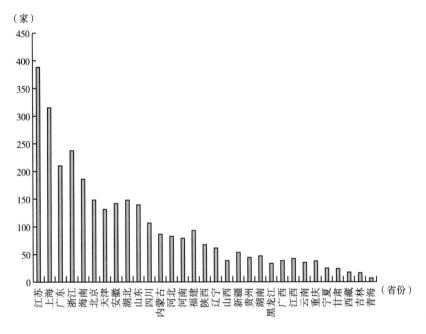

图 1.1　2010~2021 年年均各省份外地企业新建子公司数

资料来源：CSMAR 数据库与作者手工整理。

国内外学者围绕跨国企业与国内企业对外投资的实践，从经济因素，包括要素禀赋、市场规模、金融发展、产业环境等（Head et al.，1995；Asiedu，2006；王忠诚，2018；孟寒和严兵，2020）；到制度因素，包括制度质量、制度距离、双边政治协定以及其他非正式制度等（Egger and Pfaffermayr，2004；Witt and Lewin，2007；宗芳宇等，2012；王永钦等，2014；Powell and Lim，2017），多角度地探讨了企业投资区位选择的影响因素。针对企业投资的偏向性，即资本流动的"卢卡斯"之谜，阿尔法罗等（Alfaro et al.，2008）从制度因素的角度给出了解释。他认为，发达地区拥有较高质量的制度环境，能够保障企业的投资权益，降低投资过程中的不确定性与风险。阿尔法罗等的观点强调了制度环境对企业投资区位选择的重要性。然而，在我国经济转型的发展过程中，我国各地区正式制度建设并不完善。普遍存在的非正式制度，对我国经济的快速发展起到了保驾护航的作用，成为我国经济起飞的隐形动力（Allen et al.，2005；Ang et al.，2009）。作为非正式制度的重要内容，各地社会资本是否影响企业投资区位选择的因素？这是一个值得探索的问题。

社会资本是指能够约束成员行为、提高信任预期以及促进合作的社会规范、社会信任与社会网络（Putnam，1993），被认为是除政府和市场外影响资源配置的第三种方式。大量研究肯定了社会资本在促进经济增长中的作用（Knack and Keefer，1997；张梁梁和杨俊，2018；崔巍，2018）。也有学者探究了社会资本对企业投资的影响，如张维迎和柯荣住（2002）发现地区信任水平越高，越有利于吸引外商投资；潘越等（2009）发现本地社会资本水平越高，越有利于本地企业向外投资；曹春方等（2019）研究发现母公司所在地对其他地区的信任程度每增加1个单位，将使母公司在该地设立子公司的数量增加28.6%，其中新增子公司的数量为6.8%；曹春方和贾凡胜（2020）研究发现，若某地区设有外地企业以乡籍为联络纽带的商会组织，那么该地区将会吸引更多同乡籍的企业投资。

可以看出，部分学者已经关注到社会资本对企业投资的影响，但这些研究或提前认定两地之间存在投资关系，或仅考虑社会资本对企业向外投资或吸引外商的影响，并没有直接考察社会资本对国内企业投资区位选择的可能影响，也没有进一步探析社会资本发挥作用的渠道以及可能存在的异质性。鉴于此，本书以国内企业异地投资为研究对象，综合考察各地区社会资本对企业投资区位选择的影响以及相应的作用机制，以拓展我国企业异地投资区位选择的影响因素，进而引导资源在地区间合理有序地流动，以缩小区域发展差距，实现国内市场的整合与国内大循环的畅通，并为企业与经济高质量发展提供超大规模的可能空间。

二、研究意义

（一）理论意义

首先，考察了一国内部各地区宏观层面社会资本对企业投资行为的影响。现有研究较少关注企业在一国内部不同地区间的投资分布情况，也鲜有从社会资本角度考察其对企业区位选择的影响。在一般均衡模型的框架下探讨了社会资本是如何通过降低企业投资成本，进而影响了企业投资的区位选择。本书的研究内容丰富了社会资本经济后果与企业投资区位选择影响因素的相关研究，同时也拓展了企业投资区位选择的适用场景。

其次，强调了异质性因素的影响。各地经济发展程度、地理区位以及企业生产率、所有权性质、生命周期、投资动机与所属行业等均存在明显差异，若忽视这些维度的不同，可能难以准确估计社会资本对企业投资区位选择的实际影响。为此，将地区与企业层面的异质性因素纳入分析框架，在拓展现有研究视角与思路的基础上，也促使地方政府与企业做出适合自身发展的差异化决策。

最后，探讨了社会资本的非线性影响与企业内部因素的调节作用。过高水平的社会资本以及地区间社会资本的距离可能会加剧企业投资的成本，因此有必要进一步探讨社会资本对企业投资区位选择的衍生影响。与此同时，企业内部因素如管理者特征与投资经验，可能会强化企业内部决策的力量，弱化外部因素的影响，因此通过调节效应分析企业内部因素的作用，对理解企业投资区位选择的决策过程也具有非常重要的理论意义。

（二）现实意义

首先，为中央政府整合国内市场，加强区域间经济联系，进而缩小区域经济差距提供理论参考与经验支撑。从非正式制度的角度考察企业投资区位选择的影响因素，有利于中央政府了解企业异地投资的区位选择倾向，把握企业投资的区位方向，进而促使其制定相关政策，减少企业异地投资的风险与阻力，从而引导资本合理流动，为促进区域协调发展与经济高质量发展奠定良好的基础。

其次，为地方政府招商引资与促进经济发展提供了方向。企业投资是经济发展的重要动力，如何吸引企业投资一直是地方政府关切的重要话题。本书的研究有利于地方政府进一步了解企业投资区位选择的影响因素，明确社会环境的重要性，进而促使其通过建设、优化与改善本地社会环境，吸引企业投资，促进经济发展。

最后，为企业提高投资效率提供了理论支撑。异地投资是一项复杂且充满风险的过程，而社会资本的信息传递、资源获取、产权保护与监督激励等功能可以降低企业投资过程中的不确定性与风险程度，进而提高企业投资成功的概率。因此，本书的研究有助于引导企业选择适合自身特征的投资区位，进而提高投资的效率与收益，降低投资失败的概率。

第二节　研究思路与研究内容

一、研究思路

首先，基于相关理论基础与文献资料，系统研究了社会资本影响企业投资区位选择的作用机制和影响渠道，并进一步构建理论模型，考察两者之间的数理关系。其次，分析了我国企业异地投资与各地区社会资本的发展现状，并通过绘制散点图，从直观上给出了两者的可能关系。再次，在理论分析的基础上构建计量模型，结合上市公司数据与各地区区位条件数据，实证检验各地社会资本水平对企业投资区位选择的作用效果与影响渠道。而后进一步分析了社会资本对企业投资区位选择的影响在不同地区与不同企业类型中的差异化效果，探讨了社会资本的非线性影响与企业内部因素的调节作用。最后，总结研究结论，并针对性地提出了相关政策建议。

二、研究内容

本书研究内容共分为八章：

第一章，绪论。主要介绍了研究主题的背景、理论与现实意义、所要探讨的内容、使用到的研究方法以及可能的创新点与不足，同时给出技术路线图。本章是快速了解本书研究脉络与内容的窗口。

第二章，文献综述。首先，梳理并介绍了社会资本的概念、特征与属性、分析层次、测度指标及其在经济领域中的作用研究；其次，介绍了企业异地投资区位选择的相关概念，梳理了企业投资区位选择的内外部影响因素；再次，对两者关系的相关文献做进一步梳理，以了解现阶段相关研究的进展情况；最后，对已有文献进行简要评述。

第三章，社会资本对企业投资区位选择影响的理论分析。首先，介绍与研究问题相关的理论发展情况，并重点阐述了各个理论的核心思想和观点；其次，详细介绍社会资本影响企业投资区位选择的作用机理；最后，探索了社会资本对企业投资区位选择影响的可能渠道。

第四章，我国社会资本与企业投资区位选择的特征事实。首先，介绍我国企业异地投资的发展历程、整体规模、行业分布、区域分布以及主体构成等内容；其次，对各地区社会资本的时空演变进行系统的描述；最后，对各地区社会资本与各地区吸引外地企业新建的子公司数与投资规模进行相关性检验，直观上判断社会资本对企业投资区位选择的可能影响。

第五章，社会资本对企业投资区位选择的影响效应与影响渠道检验。运用条件 Logit 模型、负二项回归模型与 OLS 回归模型实证考察社会资本对企业投资区位选择的影响；并通过一系列检验，如替换核心解释变量、更换模型、删减与替换样本等验证研究结论的稳健性；随后，利用中介效应与调节效应模型检验社会资本是否通过金融发展、集聚经济、政府治理水平与经济政策不确定性等渠道，对企业投资区位选择产生了间接影响。

第六章，社会资本影响企业投资区位选择的异质性分析。从地区发展异质性与企业异质性角度进行异质性分析，以考察社会资本对企业投资区位选择在不同维度上的影响。

第七章，社会资本对企业投资区位选择的影响：进一步分析。探讨了社会资本的非线性影响与企业内部因素的调节作用。

第八章，研究结论与政策建议。主要概括研究成果与结论，并提出了相应的政策建议。

第三节 研究方法与技术路线

一、研究方法

主要采用理论研究与实证研究相结合、定性分析与定量分析相统一的研究方法。定性分析主要包括查找文献法和归纳演绎法；定量分析主要包括条件 Logit 模型估计法、赫克曼（Heckman）两阶段模型估计法、负二项回归模型估计法、工具变量法。实证研究所采用的工具有 Stata 和 Arcgis。

（一）定性研究方法

第二章为文献综述，主要运用查找文献和归纳演绎法。通过梳理社会资本与企业异地投资的相关文献，对核心概念进行界定，并为后文构建社会资本如何影响企业异地投资的区位选择提供借鉴。第三章，通过回顾与企业投资区位选择和社会资本相关的基础理论，为社会资本如何影响企业投资区位选择的过程找到了理论依据。利用归纳演绎法总结归纳社会资本影响企业投资区位选择的作用机理与影响渠道。

（二）定量研究方法

1. 在识别社会资本对企业投资区位选择的影响时，采用企业是否在某地投资、企业在某地新建子公司数与投资规模作为被解释变量，相应地依次采用条件 Logit 模型、负二项回归模型和 OLS 回归模型进行估计。为避免样本选择偏差和样本中过多 0 因素的影响，采用赫克曼（Heckman）两阶段模型和 Relogit 模型继续估计，确保基准回归结果的稳健性。

2. 考察到社会资本与企业投资区位选择之间可能存在内生性问题。为缓解内生性问题造成的估计偏误，采用工具变量法对两者之间的关系进行稳健性检验。

3. 识别社会资本影响企业投资区位选择的渠道是本书重要研究内容之一，采用中介效应模型和调节效应模型进行估计。

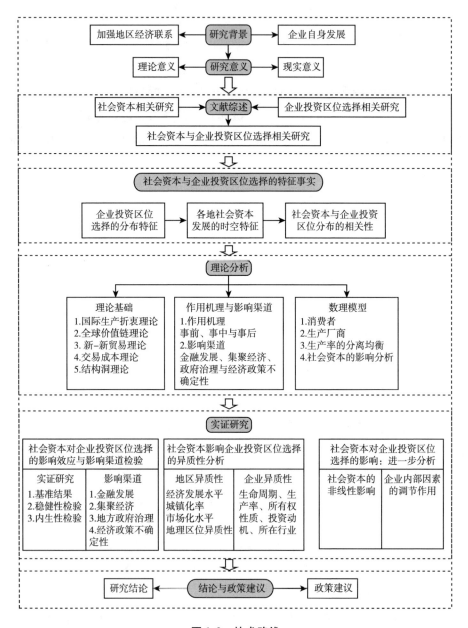

二、技术路线（见图1.2）

图1.2 技术路线

第四节 研究创新点与不足

一、本书创新之处

1. 从研究范畴与研究视角来看，现有文献对企业投资区位的研究多以跨国企业为主，鲜有探讨企业在一国内部的分布情况。基于我国各地社会资本差异化的事实，考察了各地社会资本对企业异地投资区位选择的影响，弥补了现有理论对企业异地投资问题刻画的不足。

2. 从理论分析上来看，将企业异地投资过程划分为三阶段，详细分析了社会资本在企业投资各阶段中的作用；随后依据社会资本的功能性属性，从地区金融发展、集聚经济以及政府治理水平等层面探讨了社会资本发挥作用的可能渠道。在此基础上，将社会资本作为影响企业投资成本的变量引入企业投资决策的一般均衡框架模型中，同时引入金融发展等中介变量，构建了社会资本影响企业投资决策的"成本－生产率"机制，理顺了社会资本影响企业投资区位选择的理论逻辑与发挥作用的可能路径。

3. 从研究设计上来看，比较全面地梳理了我国上市公司异地投资的基础数据，即通过整理 2010～2021 年上市公司新建异地子公司的数据，得到 164100 个"年份－企业－投资区位"观测值；研究方法采用条件 Logit 模型、赫克曼（Heckman）两阶段模型、Relogit 模型以及负二项回归模型等多种方法，检验社会资本对企业投资区位选择的影响，克服样本选择性偏误的问题；采用多指标构建的社会资本指数与单指标表示的结构型与认知型社会资本，从多方面测度各地社会资本真实水平，既能全面捕捉社会资本的影响，也使社会资本的影响机制和作用路径更为明确。

4. 从研究结论上来看，论证了社会资本对企业投资区位选择的影响，说明了非正式制度在塑造营商环境、吸引企业投资等方面的作用。在异质性分析中，结构型社会资本的作用明显强于认知型社会资本的作用；且不同地区内的社会资本也存在明显的异质性，如在经济落后、市场化与城镇化水平较低以及西北部地区，结构型社会资本的封闭性与排外性较强，因而在该地区发挥的是负面影响。进一步研究发现，较高的社会资本综合水平会抑制企业在当地投资，会促使企业采取集中式的投资模式（子公司数较少，但整体投资规模较大）；社会资本总距离仅对企业异地新建子公司数有显著的负面影响，但整体上系数值较小。管理者的任期与政府部门工作经历对社会资本、对企业投资区位选择的影响发挥着正向的调节作用；管理者性别会负向调节社会资本对企业投资区位选择的影响。在企业决定在某地投资后，企业的投资经验会与当地社会资本形成协同效应，有助于企业扩大投资规模，但调节效应总体上比较小。

二、研究不足之处

主要围绕社会资本与企业投资区位选择之间的关系进行了理论与实证方面的探索，但受数据资料可获得性与研究主题聚焦性的限制，本书目前的研究可能存在以下不足：

第一，样本代表性问题。以上市公司异地投资行为为研究对象，但上市公司普遍整体实力较强、规模较大，跨区投资的能力与意愿也更明显，因而仅以上市公司为研究对象可能存在样本自选择问题。此外，虽然非上市公司与上市公司的个体差异较大，但前者也会采取异地投资行为，因此若仅考察社会资本对后者投资区位选择的影响，可能会使结果出现偏差。

第二，社会资本的测度问题。社会资本尚无统一概念与测度方式，按照现有文献的做法，采取综合指标与分项指标相结合的方式，以反映社会资本对企业投资区位选择的客观效应。然而，通过多指标体系构建得到的社会资本综合指数，可能会扩大社会资本的作用效果；而分项指标，如结构型与认知型，虽代表了社会资本的功能，但分别研究可能会弱化社会资本的整体效应。

第三，投资绩效问题。企业是否向外投资与在何处投资的决策，都是为了提高投资收益。子公司投资绩效的高低反映了外地企业投资的成败，因此研究社会资本对企业投资绩效或子公司经营绩效的影响，更能体现社会资本对企业投资区位选择的综合影响与长期效应，但受相关数据的限制，并没有进一步考察社会资本对企业异地子公司投资绩效的可能影响。

第二章　文献综述

第一节　社会资本的相关文献

一、社会资本的概念

资本是指各类生产活动中用于创造物质与精神财富的资源总称。社会资本这一概念的提出并纳入经济学分析范畴，是随着"资本"内涵外延的变化以及支撑理论的不断调整与完善而发展起来的。资本最初仅指资金和生产要素，即金融资本和物质资本，是指能在市场上获得回报的物质资源；随后，人力资本的提出突破了传统资本的表现形式，扩展并丰富了资本的表现形式。在此基础上，法国学者布迪厄（Bourdieu，1986）将社会资本界定为无形资产。他认为社会资本虽然形式上与其他资本不同，但同样具有回报性，因此应将其归为资本的范畴。布迪厄（Bourdieu，1986）对社会资本的界定拉开了社会学与经济学对社会资本概念及其作用研究的序幕。

国内外学者针对社会资本概念的相关研究，形成了诸多不同的观点，主要包括资源观、网络观、能力观、强调规范与制度的综合观等（陈倩倩，2014）。依据各观点的侧重点不同，以上研究可归为以下两类：

一类是强调社会资本是以社会网络为载体的资源集合体，具体可涵盖资源观、网络观与能力观。如布迪厄（Bourdieu，1986）认为社会资本是一种实际存在的或潜在可获取的资源，这些资源的获取依赖于人们所属社会关系网络的规模与数量，以及网络成员自身资源的数量与质量；纳比特和戈沙尔（Nahapiet and Ghoshal，1997）认为社会资本是指个体通过其所在的关联网络所能获得的现有与潜在的各类资源总和；林南（2001）进一步强调了社会资本的网络性质，他认为社会资本是指"行动者在行动中获取和使用的嵌入在社会网络中的资源"；陈宇秦（2006）认为，社会资本本质是依附于社会结构中的各类资源，但这类资源的获取依赖于日常生活中人情关系的往来与互动。以上学者均将社会资本视为依托于社会关联网络的资源集合体，本质是资源，但需要社会网络作为载体。

伯特（Burt，1992）的结构洞理论从社会网络的结构特征对社会资本进行了解释。他认为一些社会关联广泛的成员填补了不直接相关成员之间的关联间隔，即结构洞，成为其他社会成员沟通与联系的桥梁，因而也就具备了信息控制与资源控制的双重优势，因此他认为社会资本是处于社会网络或更广泛社会结构中的个人动员稀缺资源的能力；边燕杰和丘海雄（2000）将社会资本定义为行动主体与社会的联系以及通过这种联系获取稀缺资源的能力。虽然一些学者将社会资本视为获取资源的能力，但这种能力的大小仍体现为获取资源的多少，与社会资本资源观的定义相似。

另一类研究则将社会资本视为影响成员行为的规范意识与成员间的信任程度。不同于以上将社会资本视为客观存在的资源，对个人效用与经济发展具有实际的增进作用，这类研究认为社会资本的本质是无形资产，是通过影响成员行为与彼此期望程度进而作用经济发展的润滑剂。如福山（Fukuyama，1995）认为，社会资本是一种以社会关联网络为载体，以信任、合作、规范、文化认同为核心，有助于社会成员以更加有效的共同行动追求共同目标的无形资产；杜拉夫和法夫尚普斯（Durlauf and Fafchamps，2003）认为，社会资本是基于网络过程形成的行为规范与人们之间的信任水平，地区社会资本水平越高，行为规范和信任水平的约束力也越强，进而越有利于提高社会运行的效率；世界银行将社会资本定义为有助于经济与社会发展的道德规范、态度、关系和价值观等意识形态的内容。

格罗泰特和巴斯特拉尔特（Grootaert and Bastelaert，2002）也持同样的观点。阿尔布劳（1999）认为，社会资本的本质是制度安排，较高的社会资本水平有助于维持良好的社会秩序；李慧斌和杨雪冬（2000）认为，社会资本是在相互交往与相互理解的基础上形成的有利于双方合作的一系列认同关系，以及这些关系背后沉淀下来的历史传统、价值观念、信仰和行为规范。

不同于以上分类，科尔曼（Coleman，1990）认为，社会资本既是可以为个体或组织带来资源的资本资产，同时又具有义务和期望、规范和惩罚等意识形态方面的表现形式；普特南（Putnam，1993）根据现实观察，认为社会资本是"能够通过协调行动来提高社会效率的信任、规范和网络"。普特南对社会资本的定义同时强调了社会资本的表现形式与作用效果，因而得到大多数学者的认可。

科尔曼和普特南均强调了社会资本的多面性与经济后果，但他们的定义却忽视了对其作用机制的解读。为此，结合学者们的观点与本书的研究主题，将社会资本定义为：在一定区域范围内，由社会成员交往互动形成的、有利于信息共享、资源流动与合法性地位获取的社会网络，在互动过程中形成的约束成员行为并有利于减少道德风险与机会主义的社会规范，以及持有对陌生人良好心理预期且有利于合作达成的社会信任。社会规范、社会信任与社会网络是社会资本的核心内容，也是其具体的表现形式；在社会规范、社会信任与社会网络的综合作用下，地区社会资本通过降低交易成本与促进内外部合作等方式，影响了本地经济与社会的发展。社会资本虽然包含社会规范、社会信任与社会网络等多方面内容，但从社会资本概念的研究来看，可以将社会资本的内容大体划分为意识形态与组织网络两类。在总结前人研究的基础上，克里希纳和普霍夫（Krishna and Uphoff，1999）将社会资本划分为结构型社会资本与认知型社会资本。结构型社会资本是以具体和客观存在的组织与网络为载体，以实现合作效果为主要功能；认知型社会资本以规范意识、价值观念与信任程度为主要内容，以产生互惠期望为主要功能。

需要说明的是，本书中界定的社会资本不同于政治经济学中的"社会资本"与世俗意义上的"社会资本"。政治经济学中的社会资本是指运行在生产过程中各个阶段和各个部门的多种资本的总称，其本质是价值的一种特殊形式；世俗意义上的"社会资本"是指与国家、政府支出相对应的，由民间个人或组织所支付或承担的资金或商品，本质上是一种经济资本（张梁梁和杨俊，2018）。

二、社会资本的特征与属性

（一）社会资本的特征

社会资本作为资本的一种表现和存在形式，既具有资本的一般特征，也具有与其他资本不同的特殊性。一般特征可表现为以下几点：（1）生产性和收益性。社会资本作为资源的集合体，一方面可以直接对生产活动产生影响，提高产出效率和经济收益；另一方面也可以通过嵌入其他要素资本中，实现资本的收益增值。（2）可转化性。社会资本与其他形式的资本可以相互转化，如社会资本丰富的地区有利于金融市场的发展，同时也有利于增加教育投入，提高人力资本；而其他形式的资本也可以通过营造沟通的平台，创造彼此关联的机会等途径提高地区社会资本的含量。（3）累积性与贬值性。社会资本需要时间与资源的投入，通过社会关系的构建、互惠规范的形成和彼此信任程度的增强，可以有效提升社会资本；反之若无法构建社会网络，也无法形成互惠规范和彼此信任，那么社会资本将会很快消逝。

特殊性可表现为以下几点：（1）无形性和嵌入性。社会资本是嵌入在经济生产活动中，以社会关系网络为存在形式的一类特殊的无形资本。（2）准公共物品。社会资本内嵌于人际社会关系与网络中，不会被某个成员独立拥有，同时单个成员的使用也不影响其他成员的使用，社会资本的消耗不具有竞争性。但对网络以外的成员具有一定的排他性。（3）不可让渡性。社会资本虽然不完全依附于成员，但却以成员为形成媒介，每个人的关系网络与社会资源都是与其他成员结合和联结的，这其中包含了网络成员的个人偏好，因而难以将其完全地让给他人并获取收益。（4）使用强化性。与其他资本折旧模式不同，社会资本的运用具有收益递增的效应，因而社会资本会随着对它的使用而得到强化。

（二）社会资本的属性

依据社会资本在经济领域中的作用途径，有学者认为社会资本具备三种属性特征（张可云，赵文景，2020）：（1）投入品属性。即将社会资本视为可用于生产活动中的资源，体现实际价值的创造属性。（2）非正式制度。该属性认为社会资本可以通过规范成员行为，塑造良好的外部环境，从而实现节约交易成本、提高生产效率与产出水平等目标。（3）功能性属性。在第二种属性的基础上，进一步明确社会资本发挥经济效应的可能途径，即社会资本可以通过影响其他变量，如人力资本、金融资本、技术创新等影响地区经济增长。本书把社会资本设定为非正式制度和功能性属性，其中社会资本的非正式制度属性可以直接发挥作用；而其功能性属性可以使社会资本通过其他变量间接地发挥影响。

三、社会资本的分析层次与测度

（一）社会资本的分析层次

社会资本内涵丰富，表现形式多样，不同形式的社会资本可能在影响范围与作用程度方面存在差异，因此有必要对其进行分类说明。目前主要有两种分类方法：一种分类方法是布朗（Brown，1997）提出的依据社会资本在要素、结构和环境等方面的差异，将其划分为微观、中观和宏观三个层次。微观社会资本关注的是个人社会关系网络的延展程度以及所能带来的有利于个人发展的社会资源（如财富、声誉、机会和信息等）；中观社会资本强调的是企业和社会团体等组织层面为实现目标所指定的规则与开拓的社会网络关联；宏观社会资本则将研究重心放在了影响国家和地区社会运行的社会网络和规范规则，通过制定一系列的准则和制度框架，来影响国家或地区内其他组织的运营。在此框架下，一些学者围绕其作用对象与范围进行了归纳，如林南（Lin，2001）划分为个人和团体社会资本，分别对应微观社会资本和中观社会资本；阿德勒和权锡宇（Adler and Kwon，2002）将社会资本划分为内部社会资本和外部社会资本，前者是指宏观层次，后者指代中、微观层次。尽管分类有差异，但内容是一致的。

另一种分类方法是克里希纳和普霍夫（Krishna and Uphoff，1999）提出的，依据社会资本的来源、存在形式与功能要素将社会资本分为认知型和结构型。认知型社会资本具有无形特征，包括信任、规范和价值观念等内容，以产生互惠期望为主要功能；结构型社会资本以具体和客观存在的组织与网络为载体，以实现合作效果为主要功能。格罗泰特和巴斯特拉尔特（Grootaert and Bastelaert，2002）将社会资本分为民间社会资本和政府社会资本，前者是指为实现共同目标而影响人们合作意愿的价值观、规范和社会网络等；后者是约束人们行为的各种政府制度，包括契约实施效率和法律规则等；从内涵来看，其与克里希纳和普霍夫（Krishna and Uphoff，1999）的认知型与结构型分类大同小异。

此外，其他学者依据社会资本的部分特征进行了多种分类，如普特南（Putnam，1993）根据社会资本的作用方向，将其分为能够发挥正向外溢效应的沟通型社会资本；具有封闭性进而产生负向外溢效应的结合型社会资本。伍德洛克和纳拉扬（Woolcock and Narayan，2000）依据社会网络的连接紧密与关系亲近程度，将其划分为紧密程度较高的纽带型社会资本，如家族和血缘亲族紧密程度次高代表不同社会群体和不同阶层间联系的桥接型社会资本；以及连接程度较为松散的联系型社会资本。武岩和胡必亮（2014）依据社会资本功能的差异，将其分为情感型和工具型。计小青和赵景艳（2020）依据社会资本发挥作用的场所差异，将其分为家庭型与工作型。

（二）社会资本的测度

社会资本尚未形成统一的测度方法，不同领域的学者对社会资本的测度进行了多方面的探索，结合社会资本的分析层次，社会资本的测度指标与方法也大体分为两类：一类是测度微观与中观层面的个体和组织的社会资本；另一类是测度宏观层面国家和地区的社会资本。

微观层面社会资本的测度，主要围绕个体与组织的社会网络以及这些网络可能调动的资源进行问卷设计，并在小范围的区域内调研获取。如科尔曼（Coleman，1990）从个人参与的社团数量、社团之间的关联程度与社会网络的广泛程度以及嵌入在社会网络中的资源含量等角度度量了个体层面社会资本的高低；张其仔（2000）通过询问企业内部成员对同事与上下级之间关系的评价，作为企业层面社会资本的代理指标；贝克（Baker，1990）从个体社会网络的结构、规模、成分与侧重点评估了个体社会资本的水平；姚毅与王朝明（2010）从社会关系网络的规模、水平、差异与网顶等指标计算了家庭社会资本的总量。

宏观层面社会资本的测度，大体可按照克里希纳和普霍夫（Krishna and Uphoff，1999）的分类，分为认知型与结构型社会资本的测度。认知型社会资本体现为社会规范和社会信任。学者们主要采用无偿献血率（潘越等，2009）、社会捐赠数（周瑾等，2018）以及交通事故发生数的倒数（曾克强，2018）作为社会规范的代理指标。国外学者对信任的测度主要来源于世界价值观调查和欧洲价值调查（Knack and Keefer, 1997）；崔巍（2018）也通过世界价值观调查获得了我国各省份信任水平的度量值。此外，不少学者使用来自张维迎和柯荣住（2002）的信任度数据（吕朝凤等，2019）；还有部分学者采用劳动争议案件数与人均 GDP 的比值表示社会信任的反向指标（马宏和汪洪波，2013；李春浩和牛雄鹰，2018）。结构型社会资本主要反映成员间的联系与关联程度；石濑和泽田（Ishise and Sawada, 2009）以收音机数量和邮件数量与地区人口总数的比值表示地区内部信息共享与相互沟通的程度；随着科技的进步，学者们开始以每百人拥有的互联网用户数和电话使用频率替代收音机和邮件数作为结构型社会资本的指标（严成樑，2012；陈乘风，许培源，2015；万建香，汪寿阳，2016；张梁梁，杨俊，2018；许福志，2018）。结构型社会资本最主要的特征体现为社会成员的连接程度，地区社会团体与社会组织的数量最能体现这一点，因而很多学者采用地区每万人社会组织数作为替代指标（Krishna and Uphoff, 1999；陈乘风，许培源，2015；彭晖等，2017）。

此外，一些学者认为社会资本的影响涉及多个方面，若仅从单一或少数指标进行测度可能会低估社会资本的经济效应，因而这些学者便尝试从多个角度建立社会资本综合指标体系进行刻画，如曾克强（2018）和罗能生（2017）从信任、网络和规范；熊艾伦（2017）从信任、社会网络、价值观和参与；张可云和赵文景（2020）从结构、关系与认知等不同维度分别构建了社会资本综合指标体系。

四、社会资本在经济领域中的作用研究

社会资本的提出与应用虽然相较于其他资本较晚，但其在经济生活中的作用早已被学者们察觉，如斯密在《道德情操论》中提出理性的市场离不开道德情感的支撑；我国乡村社会中存在的宗族网络以及浓厚的人情关系也是社会资本的表现之一。而真正将其用于解释经济现象，研究其在经济领域的作用并引起广泛关注的则始于普特南（Putnam, 1993）等的研究。普特南等发现，意大利北部地区的社团数量与社会网络关联程度以及公民对公共事务的积极性均明显高于南部地区；经过长期观察，他们认为多样的社会团体通

过连接个体成员，能够加强彼此的沟通与交流，并增强相互之间的信任程度；错综复杂的关联网络有利于信息与资源的流转；公民对公共事务的积极性有利于增强与政府部门的互动，提高政策的认可度与精准性；而这些均是促进地区经济增长的必要条件，因此他们认为南北地区社会资本的差异是造成地区经济差距的重要原因。随后普特南与其合作者赫利威尔（Helliwell，1995）采用相关指标，从实证角度验证了社会资本及其较高水平的存在对地区经济增长有明显的正向效应。普特南对社会资本的研究偏向于社会网络以及蕴含其中的公民意识，而福山（Fukuyama，1995）则将焦点聚焦于社会信任的影响。福山先后研究了欧美和东亚地区企业的组织形态，他认为欧美发达地区拥有较高水平的适用于陌生人的普遍信任，有利于减少企业内部和外部的交易成本，因而这些地区的企业规模往往较大；但东亚地区的信任则主要表现为囿于血缘和地缘的适用于熟人的特殊信任，结果限制了这些地区的企业发展规模。克纳克和基弗（Knack and Keefer，1997）考察了社会信任与经济增长的关系，结果发现社会信任每上升一个百分点，将使地区经济增长 0.083个百分点；张维迎和柯荣住（2002）通过我国跨省的信任调查数据，研究了信任的经济效应。结果发现信任水平越高的地区，越有利于吸引外资，也有利于提高企业经营利润与地区生产效率。

　　普特南等的研究具有现象观察、经验总结与实证检验的特点，在此基础上，后来的学者开始尝试将社会资本融入经济增长模型，尝试从理论模型中推断出两者的关系。格罗泰特和巴斯特拉尔特（Grootaert and Bastelaert，2002）通过构建包含社会资本的理论模型，认为社会资本通过不同社会组织与社会团体的关联，实现信息在不同群体与不同地区的传播，由此可以降低企业搜寻与匹配的成本；也可以通过群体规范约束成员行为，克服搭便车行为与集体行动的困境，以此实现合作的达成。总结来看，社会资本主要通过降低成本与促进合作等机制促进了地区经济增长。现有关于社会资本与经济绩效的研究大多以该理论框架为基准，如张梁梁和杨俊（2018）、崔巍（2018）等。

　　除了关注社会资本与经济增长的直接效应外，部分学者考察了社会资本对其他经济变量的影响，并在此基础上考察社会资本对经济增长的间接作用机制。如吉索等（Guiso et al.，2004）、张俊生和曾亚敏（2005）、崔巍

（2013）先后考察了社会资本对地区金融发展的影响，结果均认为社会资本高的地区，有利于当地金融市场的发展；冯科等（2017）进一步研究发现社会资本可通过促进地区金融市场发展，对地区经济产生积极影响；钱水土和翁磊（2009）认为，社会资本的存在可以有效促进地区非正规金融的发展，而非正规金融的发展不仅有利于解决集群企业的融资难题，而且还可以提供灵活多样的金融服务，因而为当地形成产业集群提供坚实的基础；拉贝洛特（Rabellotti，1995）、戴宏伟和丁建军（2013）、曾克强（2018）等研究发现社会资本水平较高的地区，越有利于吸引企业集聚，因而该地区也就比较容易形成同产业企业或不同产业企业的集聚；塞米赫（Semih，2009）、陈乘风和许培源（2015）认为，社会资本丰富的地区，整体信任程度比较高，有利于创新这类风险高、回报周期长活动的开展，因而社会资本较高的地区，信任程度也比较高，有利于创新这类风险较高活动的推进，并加快当地技术创新的速度；严成樑（2012）认为，地区社会资本水平取决于家庭对其的重视和投入程度，当家庭单位对社会资本的投入力度较大时，当地创新效率与经济增速都将明显提升。崔巍（2018）认为，较高的社会资本水平有利于地区官员提供高质量的政策供给，由此推动经济增长；张梁梁和杨俊（2018）则认为，社会资本通过提高政府治理水平与弥补政府治理缺失等机制正向影响了地区的经济增长。此外，还有学者从人力资本（Chou，2006；周瑾等，2018）、减少贫困（赵羚雅，2019）以及保护环境（万建香，汪寿阳，2016）等角度考察了社会资本的作用机制。

现有文献大多强调社会资本的积极作用，较少提及其负面影响。众多学者在探究社会资本如何促进个体、集体或整个区域发展时，回避或淡化了社会资本所产生的成本及其可能的负面影响。事实上，早在普特南（Putnam，1993）从社会资本角度解释意大利南北地区经济差异时，就发现诸如黑手党这类社会团体表示的社会资本，不利于整体地区经济增长与个体居民福利的提升，间接指出了社会资本的两面性；安杰洛等（Angelo et al.，2002）认为，社会资本可能会挤占劳动的时间，对经济发展产生抑制作用。他认为影响个人效用的物品可以分为私人消费品、关系型物品以及替代关系型物品的私人消费品三类；个人效用取决于这三类产品间的时间分配。社会资本是一种生产与消费同时进行的关系型物品，其产生源于社会性活动的参与，个人投入时间越多，社会资本水平越高，消耗的关系型物品越多，个人效用也越高。但将时间过度投入到社会性活动时，用于生产私人消费品以及关系型物品替代品的时间就会变少，整体就表现为地区 GDP 的减少。阿德勒和权锡宇（Adler and Kwon，2002）持有相同的观点。布格尔斯迪克等（Beugelsdijk et al.，2004）认为，社会资本一方面通过挤出用于劳动和学习的时间，对经济增长产生负面影响；另一方面通过建立信任关系，减少寻租行为和交易成本，又对经济增长产生正面影响。影响经济增长的综合效应取决于这两面影响的博弈结果。

菲尔德（Field，2003）认为，社会资本中社会团体的活动如仅服务于本团体成员，容易产生社会不公平现象；当某团体力量较为强大时，容易引发其他被排除在外成员的不满，导致社会矛盾激增；波茨（Portes，1998）认为，过高的社会资本容易导致内部成员的封闭性，而这种封闭性又会产生诸如排外性、高附和性、高约束性与妨碍社会公平等负面影响；陈倩倩（2014）、周建国（2002）等从社会资本封闭性的特征角度，说明了分布不均的社会资本容易使整个社会出现分割状态与裙带关系；吴宝等（2011）通过案例研究发现，社会资本的提升虽然有助于地区内部结成较为密切的关系网，但这却为风险快速与广泛传播提供了契机与可能，因而当风险出现与传播时，内部成员可能难以抵御或避免。李永强等（2012）研究发现，当企业家参与或嵌入较多的社会关联网络，可能会消耗企业家的注意力，而且网络中的冗余信息可能会覆盖或淹没创新思想的产生，不利于企业家做出有利于企业发展的创新决策；王永贵和刘菲（2019）研究发现，适度信任有利于促进企业创新，但过度信任时则容易引发机会主义行为，并最终影响企业创新绩效（Felix，2009）；维勒娜等（Villena et al.，2019）认为，如果信任程度过高，很可能导致预期之外的潜在风险。

第二节　企业投资区位选择的相关文献

一、企业投资区位选择的概念

（一）异地投资

投资是企业实现扩大再生产与其发展目标的重要方式。当本地生产条件不能满足企业生产需求时，企业便开始寻求向外扩张。现有关于企业向外扩张的文献主要聚焦于跨国企业的海外投资与我国企业的对外投资，鲜有关注一国企业在国内除本地外其他地区的投资现象。为研究国内异地投资的现象，首先借鉴学者们对对外投资的定义，界定异地投资的概念。具体而言，异地投资是指投资者如企业或团体，为延伸竞争优势或以较低成本获取生产资源，而在国内除本地外的其他地区，以设立子公司或并购当地企业①的形式所开展的经济活动；其本质是复刻母公司的生产方式与管理模式，在掌握异地经营控制权与管理权的基础上，实现获取长期收益的经济行为。

（二）区位选择

在哪里投资，是企业决定向外扩张后面临的首要问题。区位具有两层含义，一是仅指地理学意义上的相对位置；二是扩展到经济学意义上的区位条件，具体包括自然禀赋、制度环境、社会结构与经济因素等。由于各地区的地理位置、发展条件以及企业间的投资需求与投资能力存在显著差异，因而企业异地投资的区位选择，即为企业依据自身发展需求与相应的约束条件，而选择的与之相匹配的地区，这些地区能够最大化发挥投资企业的优势，实现企业投资的预期目标。合理的区位选择是企业投资取得成功的重要条件；若盲目地选择投资区位，则不仅导致投资失败，甚至会削弱母公司的整体力量与发展潜力。

（三）投资模式

企业对外投资的模式主要有绿地投资和兼并收购两种。绿地投资是指在投资地区建立一个全新的子公司，依据占有股权的多少可以分为独资子公司与合资子公司。兼并收购是指投资企业在东道国内购买当地的子公司，从而获得当地子公司的控制权和收益权。

学者们在研究国内资本跨地区流动时也默认存在异地子公司与异地并购

---

① 企业异地投资包括设立分公司、子公司与并购当地企业。分公司与子公司的区别主要在于法律上的意义，子公司是一个独立的法律实体；分公司则依附于母公司，不是独立法人。但企业设立异地分公司时同样会考虑投资地区的区位特征，因而在后续的或是样本总体的选择上，不再区分子公司和子公司，一律统称为子公司。

两种模式，如王凤荣和苗妙（2015）、吴倩等（2020）采用企业异地并购的规模作为资本跨地区流动的代理指标；夏立军等（2011）采用公司在注册地以外省份设立的下属企业数占公司下属企业总数的比值，表示企业跨省投资的代理指标；曹春方等（2015）采用上市公司在母公司所在地以外设立的子公司数量作为企业异地投资的代理指标。本书仅以异地子公司作为企业异地投资的进入模式。

二、企业投资区位选择的影响因素

投资的区位选择是企业依据自身投资需求与相应的约束条件综合考察备选地区的区位条件，在此基础上选择最适合企业发展的地区。由此可知，企业投资区位选择的影响因素应涵盖企业外部因素，如东道国或投资地的区位条件；以及企业内部因素。在早期研究企业对外投资的文献中，学者们侧重于考察企业内部因素的影响，如是否具有垄断优势、企业产品的生命周期等。在此基础上，英国学者邓宁（Dunning，1977）做了进一步拓展，将区位因素也纳入企业投资区位选择的分析框架，并提出了国际生产折衷理论。结合该理论与现有的相关研究，企业投资区位选择的影响因素大致可以分为以区位优势与内部化优势为引导的企业外部因素，以及以企业所有权优势为引导的内部因素两类（Kim and Aguilera，2016）。以下内容从这两个角度展开分析。

（一）影响企业投资区位选择的外部因素

国际生产折衷理论中的区位优势强调了东道国各方面经济因素对企业投资区位选择的影响，如较高的经济发展水平、较大的市场规模、较先进的知识技术以及丰富低廉的生产资源等。此外，国际生产折衷理论的内部化优势认为东道国的契约环境与市场环境的失效，会产生较大的交易成本，为降低投资成本与保护产权收益，投资企业在进入当地市场时也常采用新建子公司的形式。结合这两点，将影响企业投资区位选择的外部因素分为东道国的经济发展因素与制度环境因素。

经济发展因素主要包括以下几个方面：

1. 要素禀赋条件。大量研究证明了东道国丰富多样的自然资源、较低的人力成本与土地租金、完善的交通与通信设施以及丰富的技术资源等，均是企业在做投资区位选择决策时，通常会考虑的因素（Dunning，1998；Alsan et al.，2006；朱文涛，顾乃华，2018）。郑和关（Cheng and Kwan，2000）研究了1985~1995年中国29省市影响FDI进入的因素，结果发现完善的基础设施与优惠的政府政策能够显著吸引FDI的流入；但较高的人力成本则会阻碍FDI的流入。这一观点在刘刚和胡增正（2013）、马双和赖漫桐（2020）的研究中得到了支持。

2. 市场规模。学者们研究发现企业在拥有较大市场规模的地区投资，可以节约大量的运输成本与时间，也有利于企业形成规模化生产与多样化生产的模式；同时消费者的多样需求也会倒逼企业进行技术改革与产品创新，由此推动企业获得更高的投资收益。因而东道国或地区的市场规模也是企业投资区位选择所重点考察的因素（Head and Mayer，2004；Aggarwal，2005；Lefilleur and Maurel，2010；Doucouliagos and Iamsiraroj，2015；张建伟，杨海平，2017）。

3. 集聚经济。集聚经济通过知识溢出、共享中间品与劳动力匹配等途径影响企业区位选择（Barrell and Pain，1999；余珮，孙永平，2011；王疆等，2017）。此外，唐礼智等（2009）认为，集聚产生的技术外部性有利于提高企业研发效率，降低研发成本；戴翔等（2013）认为，集聚的分工协作效应有利于企业控制投资风险。

4. 金融发展程度。部分学者从企业融资难易程度考察了金融发展对企业投资区位选择的影响。赫尔墨斯和伦辛克（Hermes and Lensink，2003）指出，发达的金融系统通过充足的金融资源、较低信息获取成本、较高的资金流通效率与较高风险分散能力等渠道吸引外资流入。德博尔德斯和魏（Desbordes and Wei，2017）的研究结论支持了上述观点。王忠诚（2018）认为，东道国金融市场的发展对企业投资进入的影响存在两方面作用：一是通过缓解融资约束降低企业投资的门槛，吸引企业投资；二是进入门槛降低后吸引更多的企业进入，反而会增加当地市场的竞争程度，结果又抑制了企业投资。金融发展对企业投资区位选择的影响取决于这两方面力量的权衡。

制度环境因素主要包括东道国（或投资地）的制度质量、东道国（或投资地）与企业所在地的制度距离以及两地政府签订的友好协议等。

1. 制度质量。围绕着制度质量对企业投资区位选择的影响，学者们形成了三类不同的观点：第一种观点是"制度促进论"，该观点认为东道国良好的制度环境有利于维护投资企业的正当权益，减少投资过程中的不确定性，提高企业的投资效率，从而使投资企业形成稳定的预期。因此东道国（或投资地）的制度质量越高，越能吸引企业投资（文余源和杨钰倩，2021）。第二种观点是"制度阻碍论"，如巴克利等（Buckley et al.，2007）、科尔斯塔德和维格（Kolstad and Wiig，2012）和王晓颖（2018）等的研究，以我国企业对外投资为例，发现东道国制度质量越差，越会促使我国企业增加在该国或该地区的投资。第三种观点则认为制度质量的影响存在异质性，会依据投资企业的不同产生差异化的作用。冀相豹（2014）研究发现，发达国家较高的制度质量有利于吸引我国企业投资，而发展中国家较差或一般的制度环境却能吸引我国企业投资，说明地区制度环境的异质性也会产生差异化的效应。文余源和杨钰倩（2021）研究发现，我国东部和西部地区的企业更偏好制度质量较高的国家或地区，而中部地区企业则倾向于到制度质量较低或制度环境较差的国家或地区投资；中小企业更偏好制度质量较高的国家或地区，而大型企业却相反。

2. 制度距离。围绕制度距离对企业投资区位选择的影响，学者们提出了两种观点："制度亲近论"与"制度逃逸论"。"制度亲近论"认为企业更愿意向那些与本地制度差异较小的地区投资，而不愿意向制度差异较大的地区投资，原因在于相似的制度有利于降低投资风险和成本，并能快速转移与吸收母公司的相关知识，在当地实现管理与生产优势获得利润；在制度差异较大的地区投资，企业需要投入大量的成本进行融合，因而降低了企业在当地投资的意愿（Buchanan et al.，2012；Aleksynaka and Havrylchyk，2013；潘镇等，2008；阎大颖，2011）。但蒋冠宏和蒋殿春（2012）等却发现一些新兴国家企业投资更倾向于制度距离较大的国家或地区。刘双芹和李敏燕（2018）将制度距离分为规范性制度距离与管制性制度距离，结果发现两者具有不同的影响，前者越小，越有利于吸引企业投资；后者越大，则越有利于吸引企业投资并增加投资规模。杜江和宋跃刚（2014）研究发现，与不同国家的制度距离会对我国企业对外投资区位选择产生差异化的影响，其中当与非 OECD 国家的制度距离越大时，对我国企业投资区位选择越没有吸引力；但与 OECD

国家的制度距离越大时，反而越能促进我国企业到当地投资。

此外，部分学者也研究了非正式制度距离的影响。埃亨（Ahern，2015）研究发现，两国之间的文化差异越小，两国企业间的并购活动越有可能成功，并且并购的协同效益越大；张华容等（2015）研究了从国家间心理距离角度对企业对外投资区位选择的影响，结果发现心理距离中语言差异的影响最大，而文化距离的影响则最小。

3. 双边投资协定。部分学者研究发现在东道国（或投资地）制度环境不佳或与之制度距离较大的情况下，签订双边投资协定能够保护投资企业的合法权益。双边投资协定最初是在发达国家与发展中国家之间签署的，随后也在发展中国家之间签订，它能够为企业投资提供每一个环节的保护，不仅降低了企业投资的风险和成本，同时也降低了企业投资的门槛，因而对企业投资具有较大的影响力；在制度环境较差的国家间签订双边投资协定对企业投资的影响更为明显（宗芳宇等，2012；贾玉成和张诚，2016；张岳然和费瑾，2020）。

（二）影响企业投资区位选择的内部因素

企业对外投资或异地投资面临一系列问题，如信息不对称、外来者劣势、合法性地位以及时空差距带来的协调难度，这些问题均会提高企业投资的成本；东道国优越的区位条件在一定程度上能够降低这些问题带来的成本与风险。事实上，企业内部的一些因素或特征在一定程度上可以克服这些问题，从而使企业具备了向外投资的能力。结合现有文献，企业内部的影响因素主要包括投资动机、生产率、投资经验和管理者特征等。接下来，具体分析企业内部因素对企业投资区位选择的影响。

1. 投资动机。投资动机明确了企业对外投资的目标，在扩大优势或弥补劣势方面能够引导企业投资区位选择的倾向。邓宁（Dunning，1998）在前人研究的基础上，提出了企业对外直接投资的四种动机，得到了学界的广泛认可（蒋冠宏和蒋殿春，2012；文余源和杨钰倩，2021）。主要包括：（1）市场寻求型动机。持有该动机的企业倾向于占据更多的市场份额，因而其倾向于到拥有较大市场规模的国家或地区投资。（2）资源寻求型动机。资源寻求型动机的投资企业倾向于自然资源丰富的国家或地区投资。（3）效率寻求型动机。持有该动机的企业目标是降低生产成本，因而其会利用各国或地区的比较优势进行生产布局。（4）战略资产寻求型动机。持有该种投资的投资企业倾向于向发达国家（地区）或某方面技术能力较强的地区投资，以获得当地先进的技术知识或管理经验。

不同的投资动机会影响企业投资的区位选择。很多学者研究发现，我国资源寻求型企业具有明显的"制度风险偏好"，即制度环境较差，但资源丰富的欠发达地区往往能吸引该类型企业的投资（Kolstad and Wiig，2012；蒋冠宏和蒋殿春，2012）。杨月颖（2020）与其他学者的观点一致，她也认为我国资源导向型的企业更倾向于向营商环境较差的地区投资；而市场导向和战略导向型的企业则与之相反，即偏好选择那些营商环境质量较高的国家或地区。

2. 生产率。赫尔普曼（Helpman，2004）认为，生产率最高的企业往往获得的利润最多，能够支付对外投资产生的额外成本，因而该类企业倾向于对外投资，其他企业则选择出口或服务本地。随后他进一步分析发现，拥有较高生产率的企业不仅可以选择制度环境较好的地区投资，而且也具有在制度环境较差地区投资经营的能力，即较高的生产率降低了企业对外投资区位选择的门槛，拓宽了企业投资的可能选择。金中坤和潘镇（2019）研究发现，生产率较高的企业有能力克服投资过程中面临的困难，因而在投资区位选择过程中，可能会忽视东道国的区位条件；这就意味着一些不具有常规吸引力条件的东道国或地区反而可能会吸引生产率较高的企业投资（肖慧敏和刘辉煌，2012；陶攀和荆逢春，2013）。

3. 投资经验。正是由于不熟悉外地市场规则、消费习惯、合作者的行为模式以及政策规定等相关信息，企业对外投资才会面临较高的风险与不确定性。企业或者自己积累或者学习其他企业的投资经验，能够帮助企业了解外地制度环境、积累国际化或多元化经营的知识、建立与投资利益相关的友好关系，从而使企业在后续投资过程中比较容易地克服外来者劣势、获取合法性地位以及获取更多的投资信息。可以说，投资经验强化了企业对外投资的能力。约翰森和瓦尔恩（Johanson and Vahlne，1977）研究认为，随着企业投资经验知识的增多，企业投资的区位会逐渐由低风险的地区转变为高风险地区（Mohr and Batsakis，2014）；綦建红和刘慧（2015）研究发现，自身和其他企业的投资经验具有降低进入成本与风险的功能，因而有利于扩大企业投资的区位选择；薛求知和帅佳旖（2019）认为，企业可凭借自身在特定东道国的投资经验或学习其他企业在同一投资国的投资经验，减少在该国投资的阻力，因而愿意再次投资该特定东道国；但其他企业也会仿效进入，由此带来的竞争效应，也会抑制企业选择该特定东道国投资（谷克鉴等，2020）。

4. 管理者特征。管理者是企业的掌舵者，在企业是否投资以及在何处投资的过程中具有决定性的作用，部分学者也从管理者背景特征角度进行了探索。如博和尼尔森（Bo and Nielsen，2010）认为，高层管理员的国际化背景有助于促进企业跨国投资，国际化背景意味着高层管理员具有丰富的海外市场知识积累，同时具有广泛的关联网络使其能够接触到国外的投资环境，掌握更多的有效信息，从而降低企业对外投资的风险和不确定性。杨栋旭和张先锋（2018）研究发现，管理者的海外学习与工作经验、企业给予管理者的工作绩效激励能够增加企业对外投资的倾向，但管理者的教育背景与财经类专业背景则会抑制企业向外投资的倾向；张润宇等（2017）研究发现，管理者团队的性别因素、年龄因素、受教育程度对企业投资区位选择的影响有着重要作用；夏立军等（2011）研究发现，曾经在政府部门担任高级别的企业管理者，有利于利用其政府任职背景的影响力帮助企业到外地投资建立子公司。

此外，还有企业规模、企业年龄以及企业所处行业的影响。陈平和欧燕（2011）研究了我国各地劳动力成本的差异是否对不同行业 FDI 区位分布产生不同的影响。研究发现，两者显著的负向关系在劳动密集型和资本密集型行业比较突出，在生产和生活必需品行业不显著。田素华和杨烨超（2012）也得到了类似的结论。刘凯和邓宜宝（2014）研究发现，经济制度质量能够显著影响制造业和金融业企业投资的区位分布；法律制度质量则能显著影响批发和零售业企业投资区位的区位分布；而政治制度质量与科学研究、技术服务、地质勘查业企业的分布正相关。

三、国内企业异地投资的研究现状

关于国内企业异地并购/投资的研究相对较晚，相关文献比较少。现有文献的研究视角大多集中于与地方政府相关的制度环境。

郭凯（2016）研究发现，地区腐败程度会促使本地企业向外投资，且这种倾向随着腐败程度的增加而不断提升。但地区腐败程度主要影响了非国有企业和地方国有企业，对中央企业没有较大影响。黎文靖和李耀淘（2014）研究发现，当民营企业受到产业政策激励时，能够获得银行资金的支持，各地方政府也会受整体政策的影响，因而会降低民营企业跨地区投资的阻碍，由此促使民营企业跨地区投资。曹春方等（2015）研究发现，市场分割帮助地方政府扮演了"掠夺之手"的角色，使得本地国有企业相比于其他企业拥有更少的异地子公司。杨艳等（2018）研究发现，区域制度环境与外地企业进入概率正相关，地区间的制度距离与外地企业进入概率负相关。但企业与政府部门的关联以及企业自身的投资经验，能够减少东道国（或投资地）制度环境以及两地间制度距离对企业投资区位选择的影响，进而促使企业作出更符合自身发展需求的区位选择。

此外，也有学者从企业风格是否与所在地文化相匹配的角度以及交通基础设施建设的影响进行了探索。李丹（2019）研究发现，企业风格与所在地文化的匹配程度会影响企业对外投资的意愿，当企业风格与所在地文化匹配程度较高时，企业对外投资的意愿较小，反之当企业风格与所在地文化匹配程度较低时，企业更愿意对外投资；研究还发现，企业风格与所在地文化匹配程度的影响仅在民营企业和融资约束较低的企业中比较明显。马光荣等（2020）从高铁开通这一角度研究了基础设施条件改善对企业异地投资的影响，研究发现高铁开通降低了异地间信息不对称程度，会促使上市公司进行异地投资，但高铁的开通对不同城市间吸引企业投资的程度呈现出明显的差异，具体表现为有利于连接的大城市吸引更多的投资企业，但并不利于连接的小城市吸引投资企业；且高铁开通的影响主要体现在非国企与第三产业中的企业投资。

第三节　社会资本对企业投资区位选择的影响研究

对企业投资区位选择的影响因素已经从传统的经济因素拓展至制度因素，社会资本是非正式制度的内容，也是构成企业外部环境的重要变量。现有文献从社会资本角度研究其对企业投资区位选择的影响大致也可以分为两类：一是直接研究社会资本对企业投资区位选择的影响；二是研究社会资本分维度或相关内容对企业投资区位选择的影响。

一、社会资本的直接影响

扎克和克纳克（Zak and Knack，2001）、张维迎和柯荣住（2002）与卢燕平（2007）等学者认为，企业投资是促进经济增长的重要因素，地区社会资本水平越高，越有利于吸引投资，社会资本通过吸引外地企业投资促进了本地经济的增长。昂等（Ang et al.，2009）认为，当一国或地区法律体系尚未完善时，社会资本可以充当法律保护机制的替代品，吸引外资特别是高科技企业到本地开展投资活动。潘越等（2009）研究发现，企业所在地的社会资本越丰富，越有利于企业向外投资；雷光勇等（2014）认为，较高的审计质量可以显著提高企业的投资效率，而地区较高的审计质量又受到所在地社会信任水平的影响；企业所在地信任水平越高，企业聘请高质量审计师的意愿越强，而高质量审计师又能提高企业投资效率。张润宇等（2017）认为，社会资本可以改善企业的融资约束情况，当一地社会资本水平较高时，可以为企业提供充裕的现金流，结果使企业容易产生过度投资。

二、社会资本的间接影响

曹春方等（2019）手动整理了上市公司母公司与子公司及其所在地的相关信息，通过理论分析并实证检验了两地间信任水平对母公司投资区位选择的影响，结果发现当两地间互信水平较高时，上市公司母公司更愿意到当地设立子公司进行投资生产。陈初昇等（2017）认为，由早期移民或海外经商的华人华侨在东道国（或投资地）组建的社会关系网络是影响我国企业对外投资区位选择的重要因素之一。这些华人华侨本身已经嵌入到了当地社会网络中，熟悉社会规则、掌握一定的资源与社会影响力，而其与本国企业又有着天然的信任感与亲近感，因而在企业投资过程中能够为其提供更多的帮助，由此吸引企业投资（Erdener and Shapiro，2005；袁海东和朱敏，2017）；谭云清和翟森竞（2020）研究发现，外资企业网络关系嵌入的信任、信息的共享与共同解决问题的能力，均能够提高企业生存与成长的绩效。中国 OFDI 企业越容易嵌入东道国关系网络，越有利于吸引中国 OFDI 企业投资。吴亮和吕鸿江（2015）研究发现，东道国（或投资地）网络外部性的溢出效应能够吸引我国企业投资，但随着投资企业数量的增加，网络外部性的负面影响开始凸显，并开始对企业投资形成抑制效应。吕萍等（2018）考察了东道国工会组织对我国企业投资区位选择的影响，结果发现东道国工会密度较低时，有利于吸引我国企业投资，当东道国工会密度较高时，反而不利于吸引我国企业；东道国集体谈判覆盖面对我国企业投资没有吸引力，并且还会形成排斥效应。曹春方和贾凡胜（2020）研究发现，由同乡籍企业或个体成员在某地区设立的关系网络和社会组织，能吸引同乡籍的企业到当地开展异地投资行为。

第四节　文献述评

投资不仅是企业寻求竞争优势与获得成长性的重要方式，同时也是资本跨区域流动、缩小区域差距以及刺激本地经济发展的重要动力。学者们从多角度、多方面探究了企业投资的动机、影响因素与异质性效果，这为本书探讨国内企业异地投资提供了重要借鉴。与此同时，社会资本作为非正式制度的重要内容，其对经济现象的解释也得到了越来越多的关注与认可。上述文献厘清了探索企业投资影响因素与社会资本的经济效应，可以看出部分学者已经关注到社会资本对企业投资区位选择的影响，这为本书研究主题的深入与探索提供了极好的借鉴。但是，社会资本影响企业投资区位选择的专门性探索近几年才兴起，还存在以下不足：

1. 从研究对象上来看，现有文献多以跨国企业投资区位选择为研究对象，对国内企业跨省异地投资的研究相对较少。我国各地区之间存在着明显的发展差距，企业作为资源要素流动的载体，其在不同地区投资，可以推动资源跨地区自由流动，由此缩小区域发展差距，促进不同区域间的协调发展。因此，探索国内企业投资区位选择的影响因素具有重要的现实意义。

2. 从研究问题上来看，缺少关注宏观层面社会资本影响企业投资区位选择的直接研究。潘越等（2009）的研究虽强调本地社会资本对企业对外投资的影响，没有涉及到企业投资的区位选择问题；曹春方等（2019；2020）研究了地区间信任与异地商会对企业投资的影响，但其默认为两地之间存在投资关系，重点考察的是两地间的信任程度与异地商会的存在对企业投资流量的影响，而非区位选择的问题。

3. 对社会资本影响企业投资区位选择的作用机制讨论不足。社会资本作为非正式制度的重要内容，有利于降低企业投资过程中的成本；但社会资本同时还具备功能性属性，可以通过其他中介变量发挥影响，但鲜有学者对此进行深入探索。

4. 从研究内容上来看，仅存的几篇关于企业跨省投资的文献关注了国企与民企、第三产业与非第三产业的区别，但并没有结合地区异质性与企业异质性进行分析，研究深度和维度有待拓展。

有鉴于此，紧贴中国当前资本跨区流动不足的现实背景以及畅通国内市场大循环与促进区域协调发展的战略目标，聚焦社会资本与企业投资的区位选择，从理论与实证两个维度系统考察社会资本对企业投资区位选择的影响，并拓展相应的机制与异质性检验。

第三章 社会资本对企业投资区位选择影响的理论分析

第一节 理论基础

研究社会资本对企业投资区位选择的影响，需要厘清相关理论的发展脉络，为后续理论分析找到理论支撑与拓展方向。现有关于企业投资的相关理论均是围绕跨国企业的投资情境论述的，如垄断优势理论、内部化理论、国际生产折衷理论、产品生命周期理论、边际产业扩张理论以及适用于解释发展中国家跨国企业投资的小规模技术理论、技术地方化理论以及技术创新产业升级理论。这些理论分别从跨国企业投资动机、优势、产业特征、外部环境和区位选择等方面进行了详细的论述，为接下来的理论探索奠定了基础。目前针对企业投资区位选择的研究较为分散，尚未形成完整的、独立的理论研究体系，鲜有文献直接从理论上阐述社会资本对企业投资区位选择的影响。为此，依据现有理论研究的重点，结合企业异地投资的需要，尝试从以下理论进行分析。

一、国际生产折衷理论

最初探索企业对外投资的理论，主要是从企业对外投资的动机出发，如垄断优势理论。英国学者邓宁（Dunning）首次明确地将区位理论纳入企业对外直接投资理论的框架中，提出了国际生产折衷理论。该理论认为当企业具备了所有权优势、内部化优势和区位优势时，才会选择对外投资。所有权优势是指投资企业所拥有的、但东道国企业没有的优势，如先进的生产技术、较强的融资能力、较高的组织管理能力以及雄厚的发展实力等，从而使企业在克服外来者劣势的基础上，也能够在当地市场竞争中占据一席之地。内部化优势是指在东道国（或投资地）市场不完全的情况下，投资企业运用所有权优势，减少或节约交易成本的能力，它能使企业最大化地保留竞争优势，弱化东道国不良因素的影响。区位优势是指东道国（或投资地）在地理位置、资源禀赋、社会环境、经济因素等方面对投资企业来说所具有的优势，正是这些优势，吸引着企业投资。若将所有权优势与内部化优势视为企业对外投资或异地投资的能力，那么区位优势则可视为投资地区对企业的外部吸引力。

国际生产折衷理论指出了企业对外投资所需的条件，即企业拥有能够克服外来者劣势的优势时，其往往会选择向外投资；此外，国际生产折衷理论也强调了区位条件以及东道国（或投资地）市场因素对企业投资区位选择的重要性。可以说国际生产折衷理论是企业是否向外投资以及如何选择投资区位的分析框架，不仅适用于跨国企业，同时也适用于国内企业异地投资区位选择的情形。

二、全球价值链理论

随着经济全球化的发展，全球价值链理论逐渐成为学术界研究的焦点。全球价值链一方面是跨国公司对外投资的产物；另一方面在其成形后，也是跨国公司投资区位选择的重要理论依据。价值链的概念最早源于波特（1985）对公司价值链的定义，他在分析公司行为与竞争优势时，将公司价值创造分为基本活动（包含生产、营销、运输和售后服务等）与支持性活动（包含原材料供应、技术、人力资源和财务等）两类既相互联系又可分离的过程，这两类活动构成了公司价值创造的链条，即价值链。随后科古特（Kogut，1985）指出，企业价值创造活动不仅可以分离，而且在空间上也可以实现分离，如何在空间区位上合理安排企业价值创造活动，则取决于地区比较优势与企业竞争力的相互作用；科古特（Kogut，1985）认为，地区比较优势决定价值链各环节的空间配置，而企业竞争能力决定企业应选择哪一环节。格列夫（Gereffi，1999）认为，在全球化背景下，商品的生产过程被分解为不同阶段，围绕某种商品的生产容易形成一种跨国生产的组织体系，即价值链全球生产过程既可以是多个企业共同生产同一环节，也可以是单一企业跨地区生产多个环节。

全球价值链理论的本质是企业依据地区比较优势，合理地进行生产分工与布局，且更加强调区位优势在企业生产布局中的重要性。因此企业在选择投资区位时，应综合考察各地区的比较优势以及自身的生产环节或生产特征。

三、新一新贸易理论

21 世纪以前的对外直接投资理论多假设所有企业是同质的，通过加总同质企业的投资数据，分析并探索国家或产业等宏观层面对外直接投资的动机与影响因素。2003 年梅里兹将企业异质性引入到国际贸易研究领域，同时也将对外直接投资的研究视角拓展至企业微观层面，直接研究企业层面的出口与对外投资决策，由此开创了"新一新贸易理论"（New-New Trade Theory）。梅里兹认为企业之间存在较大差异，特别是生产率的差异。他认为生产率较高的企业能够承担出口带来的额外成本，因而采取出口行为的企业多为高生产率企业。赫尔普曼、梅里兹和耶普尔（2004）进一步拓展了梅里兹的异质性模型，引入了企业对外直接投资的决策。他们认为，企业面临国内生产、出口与对外直接投资三种选择，每种选择背后对应的成本与生产率要求呈现正相关关系，即生产率较低的企业仅在国内生产和销售、中等生产率企业选择出口服务国外市场；生产率最高的企业会选择对外直接投资，即 HMY 模型。

"新一新贸易理论"与 HMY 模型强调了企业异质性特别是生产率异质性对企业决策的影响。事实上，企业异质性不只表现为生产率方面，其在规模、年龄、所有权、所属行业等方面的差异同样可能会影响企业是否对外投资的决策。此外，"新一新贸易理论"与 HMY 模型均认为企业出口或对外投资的成本普遍更高；反过来讲，若企业出口或投资某地区的成本较低，那么其所要求的出口或投资企业的生产率门槛值也将随之降低。从某种程度上来讲，正是由于投资企业不能从东道国或投资地获得成本优势，才会对对外投资企业的生产率水平产生更高的需求（Head et al.，2003）。探索社会资本对企业投资区位选择的影响，正是基于东道国或投资地的成本优势：即当一地区社会资本较为丰富时，企业在当地投资的成本较小，对外地企业投资的生产率门槛较低，由此会吸引更多生产率较低企业的投资，并影响企业原来的投资区位选择。

四、交易成本理论

交易成本理论是科斯（1937）在解释企业为何存在与企业边界问题时所提出的理论。他认为任何交易都是有成本的，企业与市场作为两种不同的资源配置方式，会产生差异化的成本。其中，当企业内部命令安排机制产生的交易成本小于市场交换机制产生的交易成本时，企业就会存在，且边界也会不断扩张；当企业内部交易成本等于市场交易成本时，企业向外扩张的趋势才会停止。市场机制产生的交易成本与市场完善程度有关，市场越完善，交易成本就越小；反之则越大。在企业对外或跨地区投资时，如果当地市场交换机制不健全，企业通常会在当地建立子公司，以内部命令机制安排生产，从而减少外部交换或交易的机会，以降低投资风险和成本。交易成本理论与国际生产折衷理论中的内部化优势观点相似，但交易成本理论重点在于选择何种机制更能最小化交易成本。

威廉姆森（Willamson）在科斯研究的基础上，进一步剖析了交易成本产生的原因，认为有限理性、资产专用性与机会主义共同影响了市场交易成本的大小。有限理性意味着交易双方不能穷尽所有信息，由此导致市场交易所签订的契约是不完全的；不完全契约与资产专用性容易诱发机会主义行为，结果增加交易不利一方的成本。同时他还依据交易过程将交易成本分为事前与事后两类，前者包括寻找交易对象、议定合适的交易价格、签署合约等成本；后者包括协议达成后的执行、监督与追偿的费用。

对于东道国或投资地而言，投资企业通常会面临外来者劣势，再加上投资是一个多环节且需长期投入的过程。若当地市场机制不健全，投资企业在当地市场上寻找交易对象、达成合作意向以及签订契约的成本将会较高，且事后被违约的风险也会增加。在此情况下，企业通常会避免在当地投资，或者以建立子公司的形式开展投资。可以说，投资过程中产生的交易成本是影响企业是否在某地投资的重要因素，交易成本理论也是影响企业投资区位选择的理论之一。

五、结构洞理论

伯特（Burt，1992）的结构洞理论从社会网络的结构特征对社会资本进行了解释。他认为一地区内部成员间并非都是两两直接相关的，出现在不直接相关的成员间的间隙，即为结构洞；如果两方能够找到与之均有关联的第三方，那么第三方可以搭建这两方沟通交流的桥梁，实现信息与资源的传递。由于第三方填补了结构洞或者说占据了结构洞的位置，因而也就具备了信息控制与资源控制的双重优势。对企业异地投资而言，一地社会资本越丰富，结构洞的数量就越少，占据结构洞或社会关联广泛的个体或组织就越多，投资企业可以与这些个体或组织建立联系，进而获取投资所需的信息与资源；同时也可以直接建立有利于自己生产经营的社会网络，即搭建与顾客、供销商以及政府等不同群体的直接关联。但在社会资本较为贫瘠的地区，投资企业无论是直接建立社会网络还是通过占据结构洞的个体或组织都将变成困难。

第二节　社会资本影响企业投资区位选择的作用机理

一、作用机理分析

结合以上理论基础可知，企业异地投资区位选择一方面基于自身能力与投资地区的区位条件；另一方面也会关注投资过程中的成本。东道国或投资地的社会资本通过降低企业投资过程中的成本，进而降低进入门槛，放大当地区位优势，以此吸引外地企业到当地投资。为探析社会资本影响企业投资区位选择的过程，在交易成本理论划分的交易事前与事后两阶段的基础上，进一步将企业投资区位选择的过程划分为事前进入阶段、事中签约阶段以及事后执行与监督阶段，并结合社会资本的非正式制度属性分析其在企业投资各阶段的具体影响。

（一）事前进入阶段

在该阶段，社会资本通过信息传播功能降低企业投资过程中的不确定性，通过网络嵌入功能帮助企业获取合法性地位，减少企业投资准备阶段的阻力与成本。

理性经济主体的决策行为是在充足信息的基础上作出的（Stiglitz，2002），企业投资区位选择的决策亦是如此。了解并掌握备选投资地区的资源状况、市场发展与竞争情况、制度环境以及政府治理质量等相关信息，是企业减少投资风险与不确定性的前提条件（祝继高等，2020）。科斯认为在市场上完成交易首先需要寻找合适的交易对象；其次获取与交易对象相关的信息；再次针对交易对象的产品品质进行议价；最后完成交易。在投资过程中，充足的信息有利于企业以较低的成本获取供应商、客户和竞争对手等利益相关者的基本情况，使企业提前对当地市场竞争状况与投资后的发展空间进行预判，进而作出是否投资的决策。若选择投资，充足的信息有助于企业快速锁定匹配程度较高的合作伙伴，由此减少搜寻与谈判成本，并间接提高了生产效率。

尽管是在同一国内其他省份投资，但由于地理距离与市场分割的存在，企业同样面临着严重的信息不对称问题。作为社会资本的重要内容，社会网络的信息传递与共享功能能够发挥信息中介的作用，即当社会资本水平较高时，社会网络密度较高，信息在区域内传播的速度与范围较广，整体信息透明度较高，经商环境较好，不仅有利于外地企业快速地获取所需的信息，同时也明确了企业在当地投资的预期与前景，增强了企业在当地投资的信心。对比社会资本发育程度不同的两个备选投资地区，若社会资本较低地区的资源禀赋较为丰厚，但整体信息环境不透明，企业为规避风险，可能会倾向于发展条件略差但信息透明度高的地区进行投资。

获得合法性是企业投资成功的先决条件（杨亚平和杨姣，2020）。一方面，获得合法性可以帮助企业获取在当地生产经营所需的资源（如技术、财务和关系等资源）以及持续的支持，降低投资失败率；另一方面，获取合法性意味着企业的行为是与当地的社会规范和价值相符合的，即使投资企业具体行动不能被完全理解，利益相关者仍能够基于合法性的逻辑，对企业的行为及其未来产生的结果形成稳定的预期，这有助于企业经营的稳定性。社会资本是帮助投资企业获得当地合法性的重要条件（张红娟等，2015）。社会资本水平较高的地区，社会网络比较密集，外地企业可以比较容易地融入当地的社会网络，通过模仿网络中其他成员的行为、及时听取网络成员的意见以及接受与学习网络中的知识和信息等方式，快速获取当地社会成员的认可，提高企业在当地生产经营的合法性程度，进而降低企业投资过程中的阻力与成本。

（二）事中签约阶段

在该阶段，社会资本通过提高成员可信程度，减少企业投资签约过程中的交易成本。

科斯认为在匹配到合适的交易对象后，彼此之间需要对产品价格、品质和数量进行商议并签订相应的契约，从而保证交易的顺利完成。但威廉姆森等学者认识到，在现实社会中完全契约是不存在的。由于有限理性与交易费用的存在，交易双方无法预料到未来可能发生的所有事情，即使预料到，将其写入契约的成本也使得交易双方无法承受。特别是道德意识较差、信任水平较低、群体监督力量较低的地区，投资方极有可能因为契约不完全而导致投资过程中面临各种困难，或投资完成后因另一方的不配合或故意采取违约行为，导致投资失败。因此在契约不完全的情境下，各地区的投资效率往往低于最优水平。

异地投资无论是对企业还是对当地而言，都是一个带有远期承诺的长期过程。在具体的投资过程中，如采购、生产和销售阶段，由于思维习惯与操作流程的差异，外地投资企业在与当地的利益相关者如供应商、消费者与地方政府交往过程中，很可能面临着不同程度的契约不完全问题。在缺乏信任或第三方提供信誉担保的情况下，外地投资企业很难保护投资利益不受损害，或者需要支付更多的契约执行与监督成本。在这种情况下，企业可能会减少在该地的投资。

克莱因（1996）认为缔约方的信誉与其履约成本直接相关，而缔约方的履约成本又直接影响了其是否采取违约行为。当缔约方在当地社会信誉越高时，其履约成本就相应较高，因而缔约方就会尽量减少违约行为。社会资本可以为其内部成员提供信誉担保，也可通过网络嵌入的聚光灯效应提高私人履约的成本，因此社会资本较高的地区能够抑制契约不完全带来的投资不足问题。具体而言，当一地社会资本水平较高时，不仅内部成员之间的信任水平较高，而且整个地区也被外界赋予可信任的标签。因此，当一地社会资本水平较高时，投资企业可以迅速判断当地成员的可信程度，在整体信誉担保的支撑下迅速做出在当地投资并与之合作的选择，由此简化了判断对方是否可信的过程，减少了签约过程中的交易成本。与此同时，社会资本水平越高，社会网络密度越高，一方面内部成员处于错综复杂的人际关系与组织关系网络中，其行为会受到各类人际规范的约束与限制；另一方面社会氛围较好，彼此间重复交易的行为频率较高，因而参与交易主体的信誉和声望等信息会在人际网格中流转和传递，间接提高了私人履约成本，也最大限度地降低了"敲竹杠"问题发生的概率。

（三）事后执行与监督阶段

在该阶段，社会资本通过约束、规范与网络传播功能，减少投资企业的监督与追偿成本。

社会资本的信息传递与网络嵌入功能有利于降低外地企业进入当地的难度，社会资本的信誉担保功能有利于降低契约不完全的负面影响，促使外地企业作出在当地投资的最终决策。但在投资过程中，外地企业仍有可能面临当地合作者的非道德行为，如果这种行为不能得到有效遏制，那么这种行为将会在外地投资企业群中传播，不仅会抑制企业后续投资，而且也会影响其他企业投资当地的倾向。

社会资本的规范约束与网络传播功能，能够有效抑制非道德的机会主义行为。社会规范是成员对道德行为形成普遍共识的伦理性基础，规定了成员的道德行为以及相互负有道德的责任。若有成员拒绝履行维护整体利益的责任，那么他将会受到其他成员较为严厉的道德惩罚，如群体排斥、丧失群内权利等。社会资本的网络传播功能有利于保持公开透明的信息环境，违约成员的行为信息也将迅速在地区内部扩散，加剧了其采取违约行为的成本。因此，在社会资本较高的地区，社会成员都将自觉地遵守承诺、履行契约，维护群体利益与声誉，因此会极大地节约投资企业事后的监督与追偿成本。

二、数理模型分析

依据交易成本理论的观点，认为社会资本能够有效降低企业投资过程中各个阶段的成本，因而社会资本较高的地区有助于吸引外地企业投资。为给出更为严谨的分析依据，同时简化以上分析过程，本书借鉴赫尔普曼等（Helpman et al.，2004）关于企业生产率如何影响其服务国外市场方式的观点，以及张夏和王亚楠（2020）的建模思路，构建了社会资本影响企业异地投资区位选择的一般均衡模型。

赫尔普曼（Helpman，2004）指出，企业是否服务国外市场，是以出口还是以投资的方式服务主要取决于企业的生产率水平。这是因为，企业对外投资成本大于出口成本，出口成本又大于内销成本；而生产率较高的企业往往具有较强的盈利能力，能够支付较高的投资成本，相比于生产率较低的地区，更有能力采取对外投资的方式。为获取更多的利润，其对外投资的倾向性也比较大。借鉴赫尔普曼（Helpman，2004）的研究思路，国内企业是否服务本地以外的市场，是以跨区交易还是以投资生产的方式服务，不仅取决于企业的生产率水平，同时也取决于被投资地区的社会资本水平。当一地区社会资本水平较高时，外地企业在当地投资的成本较小，由此会降低外地企业在当地投资的成本门槛和对应的生产率门槛，因而会吸引更多的外地企业选择在当地投资。

假设存在两个对称的区域，设定投资企业所在地为区内，其他地区为区外，每个区域内的企业 i 只生产一种商品 i。

假设区内企业生产的产品 $i \in (0, 1)$，这些产品不仅要进行内销，而且还要进行跨区贸易，假定内销产品 $i \in (0, n)$，跨区贸易产品 $i \in (n, 1)$。类似地，区外地区内销产品 $i \in (1, 1 + n^*)$，区外地区跨区销售的产品 $i \in (1 + n^*, 2)$。区内地区的企业除了通过跨区贸易将产品销售至区外地区，同时也可以在区外地区建立子公司，直接在区外地区生产产品，$i \in (1, 2)$。

（一）消费者

假设每个区域都存在代表性消费者，其效用函数满足如下形式：

$$U(C_t, L_t) = \sum_{t=0} \beta^t \left(\frac{C_t^{1-\sigma}}{1-\sigma} - \frac{L_t^{1+\varphi}}{1+\varphi} \right) \tag{3.1}$$

其中，C_t 代表地区内部所有消费者消费所有商品的数量指标；L_t 代表地区内部所有消费者所能提供的全部劳动时间；σ 表示风险规避系数；$1+\varphi$ 代表消费者劳动的供给弹性；β 为消费者主观贴现因子（$0 < \beta < 1$）。该效用函数表示每个区域的消费者的效用由其所消费的商品量和提供的劳动时间共同决定，提高对各类商品的消费会增加消费者的效用水平，而劳动时间的增多则会降低消费者的效用水平。

消费者的预算约束是：

$$P_t C_t = m_{t-1} + W_t L_t \tag{3.2}$$

其中，P_t 代表本区域消费 C_t 的物价水平；W_t 是提供单位时间劳动的工资收入；m_{t-1} 表示消费者上一期结余的名义货币量。进一步地，消费者不但消费本区域内的商品 $C_t^h(i)$，而且也消费其他地区的商品 $C_t^f(i)$，因此本区域总体的消费数量指标可以表示为：

$$C_t = \left[\int_0^1 c_t^h(i)^{\frac{\mu-1}{\mu}} \mathrm{d}i + \int_{1+n^*}^2 c_t^f(i)^{\frac{\mu-1}{\mu}} \mathrm{d}i \right]^{\frac{\mu}{\mu-1}} \tag{3.3}$$

其中，μ 为任意两种商品的替代弹性，假设 $\mu > 1$。若以 $p_t^h(i)$ 表示本地商品 i 的价格，$p_t^f(i)$ 表示其他地区商品 i 的价格，通过最优化计算可以得到：

$$c_t^h(i) = \left[\frac{p_t^h(i)}{P_t} \right]^{-\mu} C_t \tag{3.4}$$

$$c_t^f(i) = \left[\frac{p_t^f(i)}{P_t} \right]^{-\mu} C_t \tag{3.5}$$

$$P_t = \left[\int_0^1 p_t^h(i)^{1-\mu} \mathrm{d}i + \int_{1+n^*}^2 p_t^f(i)^{1-\mu} \mathrm{d}i \right]^{\frac{1}{1-\mu}} \tag{3.6}$$

其中，式（3.6）是本地总体物价水平的表达式，这一表达式不仅取决于本地商品的价格、其他地区商品的价格，还取决于可消费其他地区的商品种类以及不同商品间的替代弹性。结合式（3.1）和式（3.2）可以进一步得到：

$$C_t = \left(\frac{W_t}{P_t}\right)^{\frac{1}{\sigma}} L_t^{\frac{\varphi}{\sigma}} \tag{3.7}$$

式（3.7）表明一地区总体商品消费数量不仅受到实际工资水平与劳动力总量的影响，同时还会受到消费者的风险规避意识与劳动时间供给弹性的影响。

（二）生产厂商

假设厂商将劳动作为唯一的要素投入，那么企业的生产函数为：

$$c_t^k(i) = A_t(i) l_t^k(i) \quad k = \{h, f, h^*, f^*\} \tag{3.8}$$

其中，h 表示本地生产本地消费的产品；f 表示外地生产在本地销售的产品；h^* 表示本地生产，销售到外地的消费品；f^* 表示外地企业在本地直接生产销售的产品；$A_t(i)$ 表示本地企业 i 的技术水平；如果企业在其他地区建立子公司，并直接在当地生产并销售产品，将这一类企业划分为 f^*。因此，企业的总利润可由以下几部分组成：企业在本地销售获得的利润 $\pi_t^h(i)$；企业跨地区销售商品获得的利润 $\pi_t^{h*}(i)$；企业通过投资在外地直接生产与销售所获得的利润 $\pi_t^{o*}(i)$。需要说明的是，假设不同区域存在显著的市场分割，不存在商品套利，企业可以在不同市场进行最优化决策。企业面临的决策如下：

$$\max : \pi_t^h(i) + \max[0, \pi_t^{h*}(i), \pi_t^{o*}(i)] \tag{3.9}$$

其中，

$$\pi_t^h(i) = p_t^h(i) c_t^h(i) - w_t l_t - \mathrm{d}f_t(i) \tag{3.10}$$

$$\pi_t^{h*}(i) = p_t^{h*}(i) c_t^{h*}(i) - \tau_t c_t^{h*}(i) - w_t l_t^{h*} - \mathrm{d}f_t(i) - f\!f_t(i) \tag{3.11}$$

$$\pi_t^{o*}(i) = p_t^{f*}(i) c_t^{f*}(i) - w_t^* l_t^{f*} - \mathrm{d}f_t(i) - [of_t(i) - gsoci_{jt}] \tag{3.12}$$

其中，τ_t 表示一单位可跨区销售产品的运输成本；$\mathrm{d}f_t(i)$ 是企业 i 在本地市场进行生产所必须支付的成本；$f\!f_t(i)$ 是企业 i 跨区贸易所必须支付的成本。为详细量化企业投资所支付的成本，假设企业投资活动所产生的成本，可以分为两部分：第一部分成本 $of_t(i)$ 与社会资本水平无关；第二部分成本 $gsoci_{jt}$ 与社会资本水平负相关，即当地社会资本水平越高，外地企业进行投资活动所支付的成本越低。其中，$soci_{jt}$ 表示被投资地区的社会资本；g 是大于 0 的系数。

由以上分析可知，社会资本能够有效降低外地企业在当地投资事前、事中与事后各阶段所产生的成本。具体而言，在事前进入阶段，社会资本较丰富地区，社会网络比较密集，信息传播与流通较为便利，外地企业可以较为容易地获得投资所需的相关信息，而且网络嵌入性也能帮助企业快速适应当地社会，获得利益相关者的认可与接受，由此减少投资过程中的摩擦与不必要的成本。在事中签约阶段，社会资本较丰富的地区，社会信任程度也比较高，有利于稳定双方心理预期，增强双方互信程度，克服不完全契约问题，降低企业讨价还价成本与契约签订成本。在事后执行监督阶段，社会资本较丰富的地区，社会规范性也比较强，能够有效避免委托－代理与逆向选择的问题，同时也有利于协调员工行为与企业发展目标，进而降低企业异地管理与组织成本。因此，投资地社会资本水平越高，外地企业在当地的投资成本就越低，因而越有利于吸引更多的外地企业。

根据式（3.4）、式（3.5）、式（3.7）、式（3.8）~式（3.12），通过最优化计算可以得到：

$$p_t^h(i) = \frac{\mu}{\mu - 1} \frac{W_t}{A_t(i)} \tag{3.13}$$

$$p_t^{h*}(i) = \frac{\mu}{\mu - 1}\Big[\frac{W_t}{A_t(i)} + \tau_t(i)\Big] \tag{3.14}$$

$$p_t^{f*}(i) = \frac{\mu}{\mu - 1} \frac{W_t}{A_t(i)} \tag{3.15}$$

式（3.13）表示本地生产的产品在本地的销售价格；式（3.14）表示外地生产的产品在本地的销售价格，由于地理距离等不可消除变量的存在，产品跨地销售存在一定的"冰山成本"；式（3.15）表示外地企业在本地设立子公司，直接在本地生产并销售产品的价格，该价格与本地企业的销售价格相等。

（三）生产率的分离均衡

接下来讨论企业选择不同行为模式的条件，无论企业选择何种行为模式，其目的都是获得更多的利润，因而本书认为企业的生产率水平，应使其所选择的行为模式的利润函数大于零，只有在所获利润非零的情况下，企业的行为模式才是可以理解和接受的。依据利润函数大于等于零的前提条件，可以得到企业在不同行为模式下对应的生产率阈值条件。具体计算过程如下所示：

1. 若企业仅仅服务本地市场的需求，则只需 $\pi_i^h(i) \geq 0$。将式（3.13）代入式（3.10），可以得到服务本地市场企业的生产率阈值条件：

$$A_{t0}(i) = \left(\frac{\mu}{\mu-1}\right)^{\frac{\mu}{\mu-1}} (\mu-1)^{\frac{1}{\mu-1}} \left[\,\mathrm{d}f_i(i)\,\right]^{\frac{1}{\mu-1}} L_t^{\frac{-\varphi}{\sigma(\mu-1)}} W_t^{1-\frac{1}{\sigma(\mu-1)}} P_t^{\frac{1-\sigma\mu}{\sigma(\mu-1)}} \quad (3.16)$$

2. 若企业不仅服务本地市场，同时还采取跨区贸易的行为模式，那么其需满足 $\pi_i^{h*}(i) \geq 0$。将式（3.14）代入式（3.11），可以得到跨区销售企业生产率的阈值条件：

$$A_{t1}(i) = \left(\frac{\mu}{\mu-1}\right)^{\frac{\mu}{\mu-1}} (\mu-1)^{\frac{1}{\mu-1}} \left[\,\mathrm{d}f_i(i) + ff_t(i)\,\right]^{\frac{1}{\mu-1}} (L_t^*)^{\frac{-\varphi}{\sigma(\mu-1)}}$$
$$(W_t^*)^{\frac{-1}{\sigma(\mu-1)}} (P_t^*)^{\frac{1-\sigma\mu}{\sigma(\mu-1)}} \quad (3.17)$$

3. 如果企业想在其他区域进行投资，建立子公司或者分支机构，生产并销售产品，直接参与当地市场竞争，获取市场份额，则需要满足 $\pi_i^{o*}(i) \geq 0$，将式（3.15）代入式（3.12），可以得到投资企业生产率的阈值条件：

$$A_{t2}(i) = \left(\frac{\mu}{\mu-1}\right)^{\frac{\mu}{\mu-1}} (\mu-1)^{\frac{1}{\mu-1}} \left[\,\mathrm{d}f_i(i) + of_t(i) - gsoci_{jt}\,\right]^{\frac{1}{\mu-1}} (L_t^*)^{\frac{-\varphi}{\sigma(\mu-1)}}$$
$$(W_t^*)^{1-\frac{1}{\sigma(\mu-1)}} (P_t^*)^{\frac{1-\sigma\mu}{\sigma(\mu-1)}} \quad (3.18)$$

接下来，继续讨论生产率分离均衡的成立条件。通过计算可以得到：

$$A_{t1}(i)/A_{t0}(i) = \left[\,(\mathrm{d}f_i(i) + ff_i(i))/\mathrm{d}f_i(i)\,\right]^{\frac{1}{\mu-1}} \left(\frac{P_t}{P_t^*}\right)^{\frac{\mu}{\mu-1}}$$
$$\left[\left(\frac{W_t}{P_t}\right)^{\frac{1}{\sigma}} L_t^{\frac{\varphi}{\sigma}} / \left(\frac{W_t^*}{P_t^*}\right)^{\frac{1}{\sigma}} (L_t^*)^{\frac{\varphi}{\sigma}}\right]^{\frac{1}{\mu-1}} \quad (3.19)$$

在两个区域完全对称的条件下，两个区域的劳动力相同，所支付的实际工资相同，一价定律也成立，则很容易得到 $A_{t1}(i) > A_{t0}(i)$。如果两个区域不是完全对称，要使 $A_{t1}(i) > A_{t0}(i)$，必须满足 $\dfrac{ff_t(i)}{\mathrm{d}f_t(i)} > \left(\dfrac{P_t^*}{P_t}\right)^{\mu} \dfrac{\left(\dfrac{W_t}{P_t}\right)^{\frac{1}{\sigma}} L_t^{\frac{\varphi}{\sigma}}}{\left(\dfrac{w_t^*}{p_t^*}\right)^{\frac{1}{\sigma}} (L_t^*)^{\frac{\varphi}{\sigma}}} - 1$。

因此，当企业跨区贸易成本超过内销成本达到一定程度后，企业生产率的分离均衡是存在的。类似可以得到：

$$A_{t2}(i)/A_{t1}(i) = \left[\left(\mathrm{d}f_t(i) + of_t(i) - gsoci_{jt} \right) / \left(\mathrm{d}f_t(i) + ff_t(i) \right) \right]^{\frac{1}{\mu-1}} \frac{W_t^*}{W_t}$$

$$(3.20)$$

如果在两个区域完全对称的条件下，要使得 $A_{t2}(i) > A_{t1}(i)$，只需要满足 $of_t(i) - gsoci_{jt} > ff_t(i)$。如果两个区域并不是完全对称的，只需要满足 $of_t(i) - gsoci_{jt} > \left[\left(\frac{W_t^*}{W_t} \right)^{1-\mu} - 1 \right] \mathrm{d}f_t(i) + \left(\frac{W_t^*}{W_t} \right)^{1-\mu} ff_t(i)$，则有 $A_{t2}(i) > A_{t1}(i)$。

综上所述，只要企业内销、跨区贸易与投资生产支付的成本满足上述条件，那么不同企业间生产率的分离均衡是必定存在的，即 $A_{t2}(i) > A_{t1}(i) > A_{t0}(i)$。

只有在 $\pi_t^{o*}(i) \geqslant \pi_t^{h*}(i)$ 的情况下，企业才更可能采取异地投资的方式。由此可以计算出，企业通过跨区贸易还是投资方式服务外部市场的生产率临界值：

$$A_{t3}(i) = \left(\frac{\mu}{\mu-1} \right)^{\frac{\mu}{\mu-1}} (\mu-1)^{\frac{1}{\mu-1}*} \left[\left(of_t(i) - gsoci_{jt} - ff_t(i) \right) / \right.$$
$$\left. \left((W_t^*)^{1-\mu} - W_t^{1-\mu} \right) \right]^{\frac{1}{\mu-1}*} (L_t^*)^{\frac{-\varphi}{\sigma(\mu-1)}} (W_t^*)^{\frac{-1}{\sigma(\mu-1)}} (P_t^*)^{\frac{1-\sigma\mu}{\sigma(\mu-1)}}$$

$$(3.21)$$

根据式（3.15）与式（3.12），可以得到企业进行投资活动的利润函数：

$$\pi_t^{o*}(i) = \frac{1}{\mu-1} \left(\frac{\mu}{\mu-1} \right)^{-\mu} (W_t^*)^{1-\mu+\frac{1}{\sigma}} (P_t^*)^{-\frac{1}{\sigma}} (L_t^*)^{\frac{\varphi}{\sigma}} A_t(i)^{\mu-1}$$
$$- \mathrm{d}f_t(i) - of_t(i) + gsoci_{jt}$$

$$(3.22)$$

根据式（3.22）可以得到 $\frac{\partial \pi_t^{o*}}{\partial A_t(i)} > 0$，因此，$A_{t3}(i) > A_{t2}(i)$。

（四）社会资本对企业投资区位选择的影响

根据式（3.18），通过计算可以得到：$\frac{\partial A_{t2}(i)}{\partial soci_{jt}} < 0$，表明随着区外社会资

本水平的提高，区内企业在区外投资的生产率门槛将降低，这会增强区内企业在区外开展投资行为的动力。根据式（3.21）计算可以得到：$\dfrac{\partial A_{i3}(i)}{\partial soci_{jt}} < 0$。

$A_{i3}(i)$表示区内企业在区外进行投资所需的生产率临界值。企业生产率高于该值，表明企业有能力在区外进行投资活动；若低于该值，则表明企业的生产率仅能覆盖跨区贸易的成本。

该结果表示随着区外社会资本水平的提高，投资所需的生产率门槛值随之降低，原来仅能开展跨区贸易活动的区内企业，也能进一步开展投资活动。由此可知，当一地区社会资本比较丰富或水平比较高时，越有利于吸引更多的外地企业投资。

基于以上分析，可以提出以下研究假说：

H1：地区社会资本水平越高，越有利于吸引外地企业在当地投资。

第三节　社会资本影响企业投资区位选择的渠道分析

一、影响渠道分析

学者们在研究社会资本的经济效应时，总结出社会资本的三重属性：投入品属性、非正式制度属性与功能属性。对企业投资区位选择而言，东道国或投资地的社会资本主要通过发挥非正式制度的属性，如降低信息不对称、帮助企业获得合法性地位、弥补不完全契约的不足以及约束和规范成员行为等方式直接作用于企业投资过程中的各个阶段，进而影响企业投资区位选择的倾向。事实上，社会资本作为非正式制度的重要内容，还可以通过作用于其他变量影响企业投资区位选择。由文献综述可知，影响企业区位选择的因素大体可归为经济因素和制度因素（赵云辉等，2020；李贲，2019）。经济因素主要体现为资源条件，而资源条件又可具体细分为财务资源、人力资本与基础设施（包括技术水平）等要素（韩炜等，2013）；制度因素则包括正式制度与包含社会资本的非正式制度因素，在此重点关注正式制度的影响。

结合现有文献发现，地区金融发展与集聚经济可以满足新建企业所需的资源要求，即地区金融发展反映了当地资金丰裕程度，金融发展程度越高，表明当地资金流动比较顺畅，借贷门槛和要求较低，越能够满足外地企业在当地新建子公司的资金需求；集聚经济的外部性，如中间品与基础设施共享、劳动力匹配与知识溢出等，能够为新建子公司提供相应的人力、物质与技术支持。因而投资备选地区的金融发展与集聚经济就构成了企业异地新建子公司生产与成长所需的经济禀赋因素。以政府治理为代表的正式制度因素是影响一地区制度环境的重要内容，但其可能会对企业投资区位选择的倾向产生两种相反的作用：一是通过颁布优惠政策与提高服务意识吸引企业投资；二是若用于指导本地经济发展而推行经济政策过多，则可能会增加当地经济政策的不确定性程度，提高企业投资风险，进而抑制外地企业投资。政府治理以及衍生的经济政策不确定性就构成了外地企业投资所面临的制度环境。

因此，主要从以上几个变量考察社会资本对企业投资区位选择的影响。

（一）社会资本、金融发展与企业投资区位选择

企业在本地以外的地区筹建并经营子公司是一项周期较长、资金需求量较大的项目，仅靠子公司后续生产得利以及母公司在融资上的支持是难以维持的，也不符合投资企业的利益；因而投资备选地区的金融发展以及企业在当地的融资能力，就成为企业投资区位选择过程中的考察因素。

早期关于跨国企业投资或国内企业对外投资的文献，多基于传统的 FDI 理论考察区位选择的影响因素，忽视了投资备选地区金融发展的影响。近年来，东道国金融市场发展与跨国公司 FDI 区位选择之间的关系被广泛关注，一些学者如奥切尔等（Otchere et al.，2016）研究发现，若发展中国家拥有先进的银行体系与证券市场，即通过提供充足的资金满足外国企业投资的需要，可提高当地对 FDI 企业的吸引力；吕朝凤和毛霞（2020）以我国城市商业银行设立为自然实验，考察地方金融机构对 FDI 区位选择的影响，结果发现城市商业银行的成立确实有利于 FDI 的流入。王忠诚（2018）认为，东道国的金融发展水平是跨国企业生产经营面临的重要外部环境，其带来了市场竞争和准入难度，对跨国企业未来经营的成本、风险和价值造成影响。具体而言，东道国金融发展对企业投资有促进和抑制两方面作用，一方面融资效应可以有效缓解企业资金约束，有利于企业进行投资；但另一方面竞争效应则会阻碍企业投资。

结合以上文献，地区金融发展对企业投资区位选择的影响，主要体现为以下四点：（1）融资约束的缓解。赫尔普曼等（Helpman et al.，2004）认为，与跨地区销售相比，企业异地投资需要承担如修建厂房和安装设备等固定成本，也需要负担实地调研、产品推广、搭建产品销售网络平台等沉没成本。若当地金融市场较为发达，资金流动性较强，借贷门槛较低，外地企业能够比较容易获得投资所需资金，则该地将吸引更多的外地投资企业。（2）支持政府的优惠政策。地方政府为吸引投资所采取的贷款补贴、担保与优惠利率等激励政策，也离不开金融资源与金融市场的支持（巴曙松等，2005）。（3）扩散投资企业优势，提高投资收益。企业对外扩张的动力之一便是获得垄断优势，但诸如生产技术与管理经验等企业优势的推广，同样离不开资金的支持。充沛的资金有利于企业宣传与培训，在扩散企业优势的基础上，有助于企业获得更多的市场份额与潜在的投资收益。（4）降低投资风险。在较为发达的金融市场上，数量与种类较多的金融机构能够为外地企业提供多样化的保险服务，以应对企业投资的风险以及其他不可预测的损失，从而促使外地企业以更加积极乐观的态度开展投资活动。因此金融发展水平越高的地区，越能吸引更多的外地企业投资。

改革开放以来，我国总量经济保持高速的稳定增长水平，金融发展速度也不容小觑，但是地区间的金融发展差距却不断扩大（崔巍，2013）。为探究各地金融发展差距产生的原因，一些学者尝试从社会资本这一视角进行解释。吉索等（Guiso et al.，2004）研究了意大利南北部地区的金融发展差异，认为社会资本和信任对其有深刻的影响，首先，社会资本与金融发展水平高度相关；其次，在信任水平较高的地区，信贷程度较高，金融发展也较快，原因在于该地区人们偏好使用支票支付而非现金，且股票市场发展也较快，投资较高。张俊生和曾亚敏（2005）把金融的实质定义为以当期的资产或资金交换未来收益的一个承诺，尽管契约的法律效力对这种交易的发生有明显的影响，但借贷者对融资者的信任对其有更为重要且直接的作用，而社会资本影响了信任度的高低，并最终将影响金融发展。随后他们以我国各省社会资本与金融发展为研究样本，进行实证检验，结果表明，各省社会资本上的差异对各省金融发展具有较强的解释力。尽管角度、数据等原始信息不同，崔巍（2013）、马宏和汪洪波（2013）、冯科等（2017）、皮天雷（2010）等对社会资本与金融发展关系的研究均得出了与上述相似的结论。

由以上分析可知，社会资本对金融发展具有显著的正向影响。有学者进一步研究发现，社会资本会通过影响金融发展对其他经济变量产生作用。如钱水土和翁磊（2009）以浙江省为研究对象，发现非正式金融对浙江产业集群的发展有明显的影响，而社会资本这一变量会影响非正规金融制度安排，进而作用于产业集群发展。吕朝凤和黄梅波（2018）基于不完全契约的原则，对金融发展与 FDI 区位选择的关系进行研究，结果表明金融发展促进该地区吸纳 FDI，而社会契约的广泛实施，则会提高这种吸纳能力。结合以上分析，本书认为我国各地社会资本可以通过促进各地金融发展，影响企业异地投资的区位选择。

（二）社会资本、集聚经济与企业投资区位选择

集聚经济对企业投资区位选择的影响早已引起了学者的关注。马歇尔在其著作《经济学原理》中指出，同类企业在某地区汇聚容易产生明显的外部性，包括中间投入品共享、劳动力蓄水池、知识外溢等，而这将进一步吸引其他地区的企业；马歇尔关于企业集聚的论述成为最早关于集聚经济对企业区位选择的研究。雅各布斯（Jacobs，1969）认为，马歇尔提出的集聚理论仅是强调同类企业的集聚，但同类企业之间的汇聚容易造成知识固化，且竞争有余而合作不足，长期来看，不利于企业发展。他认为不同行业间的企业集聚通过交叉创新与促进合作的方式，更有利于发挥集聚对外地企业的吸引力，也更有利于企业成长。以上研究聚焦于同类企业与不同类企业的集聚，其基本假设是默认为当地市场是完全竞争，且企业生产是规模报酬不变的。然而，克鲁格曼认为现实世界存在摩擦，以上基本假设也是与现实不符的，因而他在企业生产报酬递增与不完全竞争假设的基础上，通过模型推导发现集聚带来的市场效应与成本效应是影响企业区位选择的重要因素。可以说，克鲁格曼的研究拓展了集聚与企业区位选择的研究视角。随后，穆基埃利（Mucchielli，1998）在海默（Hymer）及邓宁（Dunning）开创的当代跨国公司区位选择理论的基础上，融入集聚理论，明确集聚经济与市场规模、要素成本、优惠政策并列为影响跨国公司区位选择的四大核心要素之一；进一步地，邓宁和卢丹（Dunning and Lundan，2008）认为，这种集聚效应使东道国跨国公司的区位优势显著增大。

相关实证研究也证实了集聚经济在企业投资区位选择中的重要作用。梅尔和穆基埃利（Mayer and Mucchielli，1998）利用 446 家日本子公司在 8 个欧洲国家进行区位选择的信息进行实证分析，结果表明集聚效应对区位选择有促进作用；巴雷尔和佩恩（Barrell and Pain，1999）则从美国跨国公司在欧洲国家进行投资区位选择的角度，发现了欧洲大陆的经济"聚集"效应对美国投资区位决策有明显的影响；余珮和孙永平（2011）则研究了 457 家美国子公司和 537 家欧洲子公司在 1995～2007 年在华投资区位选择信息，认为集聚效应是研究对象进行区位选择的重要决策因素，且这些在华欧美公司主要聚集在东部地区，是典型的"集聚"战略。刘修岩和张学良（2010）、向永辉（2013）、王疆等（2017）这些学者以 FDI 在华区位选择为研究对象，均发现集聚经济显著影响 FDI 的区位分布。

虽然以上研究主要集中于集聚经济对跨国公司投资区位选择的研究，但同样适用于企业异地投资的情形。首先，存在集聚经济或集聚程度较高的地区，信息量比较丰富，外地企业获取信息较为容易，当地劳动力市场的运作、招商引资政策、合作伙伴的策略等信息的可获得性比较高（贺灿飞和魏后凯，2001），有利于减少"外来者劣势"与投资不确定性；其次，集聚经济的技术外溢、劳动力蓄水池和中间产品共享等外部性同样适用于外地企业。据统计，企业中隐性知识大约占知识总量的 90%，可编码知识所占比例不足 10%。大量隐性知识在集聚区内容易得到快速与广泛的扩散并被企业吸收，这也使得集聚内的企业更容易获得与公司发展相关的技术、管理科学、市场变动等信息，由此提高投资企业的生产效率；集聚区内还存在明显的劳动力蓄水池效应，一方面，这使得企业更容易搜寻所需人才，劳动力也更容易找到目标公司，提高了二者的匹配效率；另一方面，劳动力的聚集与流动使得劳动者的整体质量得到显著提高，间接降低了投资企业的培训成本；此外，集聚经济的基础是大规模的市场效应，其一方面节约投资企业的运输成本，另一方面也带来了中间投入品的规模效应，使企业以较低成本获得更为方便、快捷、专业的传媒、互联网、法律等服务。

集聚经济缘何形成？新经济地理学认为是历史的、偶然的因素或人们的预期。但有学者指出，促使企业迁移的偶然因素或影响人们预期的因素本质上属于社会资本的内容，即企业迁移是出于信任当地的合作伙伴，或通过当地社会网络了解了更多的潜在机会，因而促使其作出迁移的决策。由此可见，社会资本与集聚经济存在一定的关联。随后学者们从多角度对两者的关系进行了探索：尹希果（2006）基于马歇尔外部性和新经济地理产业集聚理论，强调个人社会关系、信用等社会资本会通过增加知识外溢、降低交易费用、吸引人才和企业等促成产业集聚；吴光芸和李建华（2009）考察了各种形式的社会资本，认为信任、网络、分工合作会在产业集聚内部形成内在契合性，这种性质使社会资本与产业集聚具备良性互动的形式；戴宏伟和丁建军（2013）认为，社会资本显著且稳健的影响产业集聚行为，而且对于两个其他条件完全相似的地区，产业集聚更明显地发生在社会资本丰富的地区，当交易成本降低到某一临界点后，产业脱离缺乏社会资本的地区，完全集聚于社会资本丰富的地区。

由以上分析可知，一地区社会资本可通过提升集聚经济程度，进而提高当地对外地企业的吸引力。

（三）社会资本、政府治理与企业投资区位选择

政府这只"有形之手"在我国经济高速发展的过程中发挥了重要的作用，一方面通过直接参与经济活动刺激经济增长；另一方面通过塑造本地制度环境影响企业投资进而推动本地增长，因而在考察企业投资区位选择因素时不应忽视地方政府的作用。

本书主要关注政府治理水平的影响。政府治理水平作为制度环境的重要内容，对企业投资区位选择存在三类观点：第一类认为较高的政府治理水平有助于吸引企业投资，如格洛伯曼和夏皮洛（Globerman and Shapiro，2003）通过实证研究发现，如果一个国家政府治理水平越高，即当地市场自由且透明、法律制度比较健全、政府效率比较高时，将吸引跨国企业的投资。库兹米娜等（Kuzmina et al.，2014）得出了相似的结论。第二类认为较高的政府治理水平并不利于吸引企业投资。部分学者研究发现，一些投资企业可能会利用东道国在某方面管理的漏洞，或通过人际关系或通过寻租行为而以低于市场价格获取某类资源，或者某方面的优势，从而为子公司以及母公司的发

展谋取便利（Back and Michael，2006）。这种情况多发生在资源寻求型的投资企业中（陈松和刘海云，2012）。第三类认为政府治理水平对企业投资区位选择的影响存在异质性。蒋冠宏和蒋殿春（2012）认为，较高或较低的政府治理水平都有可能吸引企业投资；冀相豹（2014）认为，发达国家较高的政府治理水平有利于吸引我国企业投资，而发展中国家较差的政府治理水平反而能吸引我国企业；王永钦等（2014）研究发现，东道国（或投资地）政府治理对企业投资区位选择的影响在政府治理各维度、不同投资动机企业以及不同地区方面上均存在较大的差异，并没有统一的结论。

我国虽然实行统一的制度建设与管理体制，但由于各地区经济发展程度、文化习惯以及中央政策的非均衡化，导致我国各地政府治理水平存在明显的差异（陈德球和李思飞，2012）。虽然现有文献关于政府治理水平对企业投资区位选择的影响存在三种不同的观点，但本书认为对企业异地投资而言，政府治理水平越高，越有利于吸引企业投资。具体作用机制如下：较高的政府效率可以简化企业进入本地的相关手续，降低企业投资的"等待成本"；能够提供较为全面的公共服务，为企业发展提供便捷的条件。高质量的监管有利于建设公开透明的信息环境，拓宽外地企业获取私有信息的渠道，降低企业投资过程中的信息搜集成本；较高的法治水平能够有效保护企业的产权不受侵害，减少企业投资经营过程中的不确定性，提高企业投资的可预期性与稳定性。腐败程度反映政府的公权力被用来谋取私利的程度。较低的腐败程度意味着政府官员不会以公徇私，具有更高的责任感与使命感，因而能够降低投资企业的"寻租"动机，进而促使其专注投资生产活动，减少资金的挤出效应。

政府治理与社会资本虽然分属于正式制度与非正式制度两个不同的板块，但两者并不是孤立地发挥作用，而是在一定程度上存在相互作用与促进的关系。一方面，作为历史积淀形成的，以道德规范、互信程度与社会网络为表现形式的社会资本，是政府治理水平与制度绩效提升的前提与基础；另一方面，政府治理又是现阶段社会资本得以传承与延续的外部推动力，其可通过树立正确价值观、鼓励与惩戒相关行为或出台相关法规条例，引导并改善社会风气，以此促进宏观社会资本的积累。本书侧重于社会资本对政府治理的可能作用。部分学者研究发现各地社会资本的差异是政府治理或以政府治理为代表的制度绩效差异的重要原因。如普特南（Putnam，1993）在其著作《让民主运转起来》中指出，社会资本的差异是造成意大利南北社会制度绩效差异的原因；拉波尔塔等（LaPorta et al.，1997）研究发现，信任水平提高一个标准差，将使司法效率和政府腐败分别提高与降低 0.7 个标准差和 0.3 个标准差；张克中和郭熙保（2004）从信息经济学角度指出，社会资本通过减少信息不充分可降低政府失灵的概率；福山（Fukuyama，1995）、约蒂尔和海恩德尔（Jottier and Heyndels，2012）都认为社会资本可通过问责与监督机制，降低政府官员的寻租腐败的倾向，以此减少社会监督成本，提高政府行政效率。

在此基础上，一些学者发现政府治理可能是社会资本经济效应发挥的作用渠道，如张梁梁和杨俊（2018）研究发现，社会资本偏好度越高，政府治理转化效应越快，因而越有利于经济稳定且高速的增长；崔巍（2018）研究发现，较高的社会资本能使政府官员产生强烈的责任感，并提供高质量的政策供给，因而社会资本在提高政府绩效的同时，也会显著地促进经济发展。基于以上分析，政府治理可能是社会资本影响企业投资区位选择的又一渠道。

鉴于以上分析，政府治理对企业投资区位选择的可能影响，为构建完整的分析链条，在此对社会资本影响政府治理的过程做进一步分析。结合现有文献，社会资本主要从以下几点发挥作用：一是较高的信任水平有助于政府部门间的合作，提高政策制定与执行的效率（Fukuyama，1995），同时也有利于促使民众对政府部门与相关政策的理解，由此减少施政成本与阻力（崔巍，2018）。政府内部存在多个部门，部门之间虽然各司其职，但单个部门出台的政策或条规可能也需要其他部门的支持与配合，在社会信任水平较高的地区，部门间更容易相互理解，因而政府内部的行动效率也会越高；此外，政府治理的基础是社会居民，政府能否获得良好的治理效果，离不开广大居民的信任与支持。如果广大居民对政府失去信任，那么民众对政府决策的执行将持不合作态度，在这种情况下，政府治理成本将会提升，效率也会随之下降。二是较强的社会规范有助于增强政府官员的责任感，降低官员的机会主义与寻租倾向，由此减少社会管理与监督成本，并营造良好的发展环境（张梁梁和杨俊，2018）。政府官员是政府治理水平的制定者与执行者，其责任意识的培养与规范会受到当地社会资本的影响。若当地社会资本水平较高，社会规范较强，则当地官员普遍具有较高的责任意识，会严格履行自己的职责，维护公共利益，切实为本地发展与居民生活水平的提高创造条件。同时当地社会氛围与风气会对官员行为形成一种监督机制，间接遏制官员腐败与寻租的机会与倾向。三是丰富的社会网络与社会组织可以提高社会凝聚力，搭建民众、企业与政府交流的平台，填补社会公众与政府间联系的空白，具有较强的缝补"结构洞"的能力。多样的社会组织有利于将零散的社会居民聚集起来，将人们从个体转变为利益共享与责任共担的社会成员，激发广大居民的参与意识。因此公民参与的社会组织及其构成的社会网络，成为居民与企业向政府表达诉求的平台与渠道，由此会提高政府政策的精准性，增强居民生活的幸福感，并降低企业经营的风险。与此同时，政府部门也可通过该平台与渠道传达治理理念，通过双向的沟通与反馈，可以提高政府治理能力的水平与效率。

综上分析，政府治理水平是社会资本影响企业投资区位选择的又一路径。

（四）社会资本、经济政策不确定性与企业投资区位选择

除政府治理水平外，经济政策也是政府塑造、规范、改善与提高本地市场环境的重要工具。政府治理本质上是通过规范企业行为与为企业提供服务等功能塑造当地社会环境；而经济政策则是政府制定的，用于引导、改变与规范企业生产行为与生产范围的"指挥棒或游戏规则"（李凤羽和杨墨竹，2015），其直接决定了企业的生死存亡与兴衰程度。

从含义上来看，经济政策是国家或政府为达到充分就业、价格稳定、经济增长与国际收支平衡等目标，而制定的用于解决经济问题的指导原则和激励措施。当外界环境发生变化或本地经济出现问题时，政府会颁布相应的经济政策，如财政政策、货币政策或产业政策等引导或保障企业生产，以此维护本地经济的平稳进行。但若经济政策颁布实施得过于频繁，则将会导致本地经营环境变得愈加复杂，进而会影响企业投资。

后金融危机时代，为刺激经济增长与抵御外部环境的冲击，各国或地区政府会采取对应性的经济政策，激励与引导企业发展；但频繁颁布实施的经济政策容易产生经济政策不确定性，导致整个投资环境的不稳定。大部分学者研究发现经济政策不确定性的提高会抑制外地企业到当地投资（李凤羽和杨墨竹，2015；饶品贵等，2017；罗知和徐现祥，2017）。学者们也从多个角度探索了经济政策不确定性的提升为何会抑制企业投资：伯南克和格特勒（Bernanke and Gertler，1989）从实物期权理论进行了解释，认为当经济政策频繁颁布时，企业投资往往面临较大的风险，因为企业当前的投资可能不符合后期经济政策的要求，这种情况下，企业只能独自承担投资的损失。为避免损失，企业往往会等到经济政策平稳后才会扩大投资；居伦等（Gulen et al.，2015）认为，在期权价值的影响下，不断上升的不确定性会使管理者采取观望态度，将投资推迟到更确定的时期，从而抑制企业投资。克里斯蒂亚诺等（Christiano et al.，2010）从金融环境与企业融资难易程度进行了解释，认为当经济政策不确定性增加时，银行为了降低风险，会减少信贷投放额度，结果提高了投资企业融资的门槛与成本，进而抑制了企业投资。卡罗尔和桑威克（Carroll and Samwick，1998）等从市场需求的角度进行了解释，认为经济政策不确定性的增加会降低市场需求，同时也会加速储蓄资金的外流，两者的共同作用导致市场需求的不足，对外地投资企业的吸引力也随之下降。耿中元等（2021）认为，经济政策不确定性较高时，投资企业难以清晰地认识到经济政策的后果，为规避风险会减少投资。此外，早期的一些学者则持有相反的观点，如沃尔特（1961）等学者认为经济政策不确定性提升时，反而会带来一定的投资机会，因此会吸引企业投资。

　　经济政策不确定性是政府作为正式制度的代表为促进本地经济增长而引发的负面效应，其构成了当地经营与投资环境的重要组成部分。社会资本作为非正式制度的重要内容，在一定程度上可以修正正式制度的不良影响。因而本书认为不同于以上作用途径，社会资本主要通过削弱经济政策不确定性的负面效应，即调节其对企业投资区位选择的影响而发挥作用。作用机制如下：社会资本水平越高，可以为企业带来可靠的投资信息和机会，使企业形成来自不同行业的战略投资方案，进行多样化投资，提高投资决策的质量，降低企业投资的风险；同时社会网络的连通性有利于降低企业投资的不可逆性，使企业可以最大化限度地提高固定投资的利用效率，降低沉没成本。社会资本还可作为政府与民众沟通的渠道，将企业发展诉求传递至政府部门，使政府在制定相关政策时融入企业发展的需求，以此减轻对企业投资生产的不利影响。

二、数理模型分析

赫尔普曼等（Helpman et al., 2004）等学者考察了企业自身条件对企业行为模式的影响，认为生产率较高的企业可以支付较高的投入成本，因而具有更多的选择空间。反过来讲，若在某东道国或投资地投资只需要较低的成本，那么该地区不仅可以吸引高生产率的企业，也可以吸引低生产率的企业；投资成本的减少降低了外地企业投资的生产率门槛，使得更多企业可以在当地投资，由此提高了当地对投资企业的吸引力。

投资成本是影响企业投资区位选择的重要变量，社会资本通过降低企业投资过程中各个阶段的成本，直接影响了企业投资的区位选择的倾向。事实上，社会资本还可通过影响其他变量降低企业投资的成本，对企业投资区位选择产生间接影响。结合前文分析，地区金融发展程度、集聚经济水平、政府治理水平与经济政策不确定性是社会资本影响企业投资区位选择的渠道变量（李贲，2019）。具体影响过程如下：

社会资本水平较高→促进地区金融发展→增加资金可获得性、提高资金获取便利程度、缓解融资约束→降低企业外部融资的成本→增强对外地企业投资的吸引力。

社会资本水平较高→提高集聚经济水平→更高的人力资本、更好的管理与服务、更为普遍的技术与知识外溢环境→降低企业获取相关资源的成本→增强对外地企业投资的吸引力。

社会资本水平较高→提高政府治理水平→高效的执政效率与高质量的公共服务、公平与安全的竞争环境→减少企业寻租成本与交易成本→增强对外地企业投资的吸引力。

社会资本水平较高→弱化经济政策不确定性的影响→降低不确定性与投资风险、增强对未来投资的可预见性→降低投资的调整与沉没成本→增强对外地企业投资的吸引力。

可以发现，社会资本是金融发展、集聚经济、政府治理的增函数，经济政策不确定性的减函数；而金融发展、集聚经济、政府治理水平和经济政策不确定性又分别是企业投资成本的减函数与增函数。因此，可将社会资本的成本效应转变为金融发展、集聚经济、政府治理水平以及经济政策不确定性的成本效应。可将式（3.12）中关于社会资本与企业投资成本的关系进行转变。

$$\pi_t^{o*}(i) = p_t^{f*}(i) c_t^{f*}(i) - w_t^* \, l_t^{f*} - df_t(i) - [\, of_t(fin(soci_{jt}))$$
$$+ of_t(agg(soci_{jt})) + of_t(gov(soci_{jt}))$$
$$+ of_t(uncer(soci_{jt}))\,] \tag{3.23}$$

$of_t(fin(soci_{jt}))$、$of_t(agg(soci_{jt}))$、$of_t(gov(soci_{jt}))$、$of_t(uncer(soci_{jt}))$ 分别表示由当地金融发展程度、集聚经济程度、政府治理与经济政策不确定性程度所引发的投资成本。式（3.18）可变形为：

$$A_{t2}(i) = \left(\frac{\mu}{\mu-1}\right)^{\frac{\mu}{\mu-1}} (\mu-1)^{\frac{1}{\mu-1}} [\, df_i(i) + of_t(fin(soci_{jt})) + of_t(agg(soci_{jt}))$$
$$+ of_t(gov(soci_{jt})) + of_t(uncer(soci_{jt}))\,]^{\frac{1}{\mu-1}}$$
$$(L_t^*)^{\frac{-\varphi}{\sigma(\mu-1)}} (W_t^*)^{1-\frac{1}{\sigma(\mu-1)}} (P_t^*)^{\frac{1-\sigma\mu}{\sigma(\mu-1)}} \tag{3.24}$$

基于赫尔普曼等（Helpman et al.，2004）的思路，投资成本与投资企业的生产率正相关，因为只有高生产率的企业才有能力支付投资成本。结合以上分析可知：

$$\frac{\partial A_{t2}(i)}{\partial of_t} > 0$$

$$\frac{\partial of_t}{\partial fin_i} < 0 \qquad \frac{\partial of_t}{\partial agg_i} < 0 \qquad \frac{\partial of_t}{\partial gov_i} < 0 \qquad \frac{\partial of_t}{\partial uncer_i} > 0$$

$$\frac{\partial fin_i}{\partial soci_i} > 0 \qquad \frac{\partial agg_i}{\partial soci_i} > 0 \qquad \frac{\partial gov_i}{\partial soci_i} > 0 \qquad \frac{\partial uncer_i}{\partial soci_i} < 0$$

基于链式法则可知：

$$\frac{\partial A_{t2}(i)}{\partial of_t} \frac{\partial of_t}{\partial fin_i} \frac{\partial fin_i}{\partial soci_i} < 0$$

$$\frac{\partial A_{t2}(i)}{\partial of_t} \frac{\partial of_t}{\partial agg_i} \frac{\partial agg_i}{\partial soci_i} < 0$$

$$\frac{\partial A_{t2}(i)}{\partial of_t} \frac{\partial of_t}{\partial gov_i} \frac{\partial gov_i}{\partial soci_i} < 0$$

$$\frac{\partial A_{i2}(i)}{\partial of_t} \frac{\partial of_t}{\partial uncer_i} \frac{\partial uncer_i}{\partial soci_i} < 0$$

由此，可以提出以下研究假说：

H2a：社会资本通过促进地区金融发展，提高了对外地企业投资区位选择的吸引力；

H2b：社会资本通过提高集聚经济水平，提高了对外地企业投资区位选择的吸引力；

H2c：社会资本通过提高政府治理水平，提高了对外地企业投资区位选择的吸引力；

H2d：社会资本通过弱化经济政策不确定性的负面效应，提高了对外地企业投资区位选择的吸引力。

第四章　我国社会资本与企业投资区位选择的特征事实

第一节　制度背景

作为企业向外扩张的方式，子公司的设立及其区位选择是伴随着企业集团的成长而出现的衍生问题。事实上，改革开放之前企业集团这种组织形式在我国并不存在（姚俊和蓝海林，2006）。改革开放后，企业自主权有所扩大，适逢企业集团在韩国与日本经济快速发展中的作用得到广泛关注，因而政府部门也开始尝试在我国组建类似的组织形式（李治，1995），并为此出台了一系列的相关文件和政策：如1980年国务院发布的《关于推动经济联合的暂行规定》；1987年国务院发布的《关于大型工业联营企业在国家计划中实行单列的暂行规定》和《关于组建和发展企业集团的几点意见》。在这些文件政策的推动下，全国各地掀起了组建企业集团的热潮。很多学者将该时期（1980~1986年）视为企业集团的形成时期（伍柏麟，1996）。

然而，形成时期的企业集团面临着诸多问题与挑战。首先，形式上比较松散。日本和韩国的企业集团是一个公司在其成长后，基于业务与发展的需要而在各地建立子公司，因而呈现出一个母公司与众多子公司的组织结构，母公司与子公司之间联系较为紧密。但我国早期的企业集团或者是由几家或几十家企业联合共同组建母公司；或者是以实力较强的企业作为核心，而后合并同行业的相关企业，组成"强强联合"式的；或者通过政府部门行政划拨的方式组建。组建后的企业集团内部没有紧密联系的纽带，整体上比较松散。其次，改革开放后，地方官员晋升机制与本地经济发展水平挂钩的模式开始显现（周黎安，2007），各地官员一方面重视企业在本地的经营发展情况；另一方面也会极力阻止本地企业被其他地区的企业合并，避免本地资源流失。因而，受地域与部门的制约，不同地区间的企业联合也难以成长为真正的企业集团。

针对经济联合体出现的问题，国务院等多部门相继颁布规范企业集团发展的文件，如1991年国务院发布的《关于选择一批大型企业集团进行试点的请示》《试点企业集团审批办法》《关于国家试点企业集团登记管理实施办法（试行）》等。学者们多将这一阶段（1986～1991年）视为企业集团的调整时期。由于该时期的企业集团主要实行人、财、物、产、供、销等方面的统一，导致内部联合企业失去了独立的法人资格，成为企业集团的附属，这显然也不利于成员企业的成长与地区经济的发展。

形成与调整时期的企业集团仅是从外在形式与内部管理模式上实现了联合，但其最本质的产权联合并没有实现。为进一步推动企业集团的发展，党的十四届三中全会明确指出，要发展一批以公有制为主体、以产权连接为主要纽带的跨地区、跨行业的大型企业集团。这为企业集团的后续发展指明了方向，同时也凸显出构建产权纽带的重要性。与此同时，我国财税、金融、投资、外汇、外贸五大宏观体制进行了相应改革，《公司法》也顺利颁布与实行，不仅从法律角度明确了企业集团是以资本为纽带的母子公司体制，也开启了企业集团的新发展阶段。

20世纪90年代中后期，企业集团开始逐渐发展起来，但其在其他省份通过设立子公司进行投资的方式依然面临诸多困难。其中最为明显的是由地方保护主义与市场分割带来的阻碍，导致企业异地投资的难度或成本甚至高于海外投资，因而在此情况下，很多企业宁愿向外投资，也不愿意在国内其他地区建立子公司。然而，在此背景下，仍有部分企业实现了跨省份、跨区域的多元化发展，如海尔集团等。结合20世纪90年代乡镇企业的崛起，以及"星期天工程师"的出现，研究发现，社会资本有助于企业跨越地区间的障碍，进而促使企业在社会资本较高的地区进行投资。因此，社会资本水平较高的地区，吸引外地企业投资的比例也可能较高。为探究两者之间的关系，本章从企业异地投资与社会资本的特征事实出发，研究两者目前的发展现状，随后给出两者关系的散点图，对两者的相关性进行直观的判断。

第二节　企业投资区位选择的特征事实

本节主要从投资总体规模、投资行业分布、投资区域分布以及投资主体构成等方面介绍国内企业异地投资的发展概况。

一、总体规模

图 4.1 和图 4.2 是 1980 ~ 2021 年我国企业设立异地子公司的数量和以子公司注册资本加总得到的投资规模。由图 4.1 可知，我国企业设立异地子公司的数量呈现出鲜明的阶段性特征：首先是 1980 ~ 1991 年，对应的是企业集团的形成与调整阶段。在该阶段，企业设立异地子公司的数量非常少，每年平均不到 40 家。其次是 1991 ~ 1999 年，对应的是企业集团的规范与发展阶段。《公司法》的规定与宏观经济体制的改革为企业异地投资带来了更多的发展空间，异地子公司的增长数量明显高于前一阶段。但由于地方保护主义与市场分割的存在，企业异地投资总量的增长幅度并不高。为弱化市场分割对

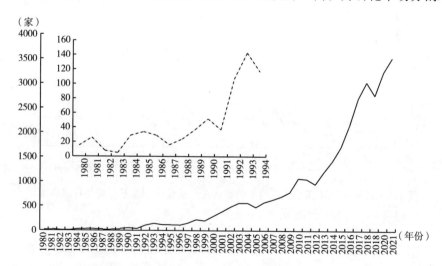

图 4.1　1980 ~ 2021 年企业异地投资的子公司数

资料来源：Wind 和国泰安数据库，作者整理。

我国经济造成的影响，1993年，党中央提出"要建立全国统一开放的市场体系"。此后，中央不断出台关于建立统一开放市场体系的政策文件。2001年，国务院进一步要求"地方政府改变或撤销属于实行地区封锁或者含有地区封锁内容的规定"，进一步推动了企业在其他地区新建子公司的热潮。因此在1999年以后，异地子公司的数量呈现出快速增长的趋势。经过计算发现，1980～1991年，平均每年新增异地子公司数为26家；1992～1999年平均144家；2000～2021年平均1373家。

由图4.2可知，异地子公司投资规模与异地子公司数量的增长趋势大致相同，具体可分为两个阶段：一是1980～1999年的低位徘徊阶段；二是2000年后徘徊上升阶段。经计算发现，1980～1999年企业异地投资的年均规模为406.1亿元，而2000～2021年这一指标达到2477亿元，整体增长5倍多。

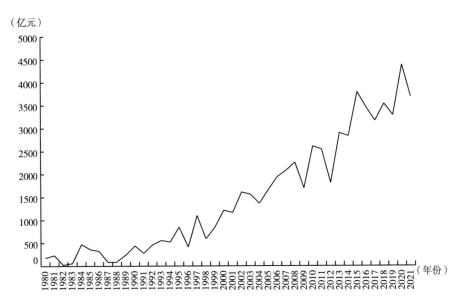

（亿元）

图4.2　1980～2021年企业异地子公司的投资规模（加总子公司的注册资本）

资料来源：Wind和国泰安数据库，作者整理。

由图4.1和图4.2可知，2000年以后我国企业异地新建的子公司数和投资规模均在不断增加。然而，受地方保护主义与市场分割的影响，以及2001年"走出去"战略的鼓舞，我国很多企业开始走出国门，通过对外投资的方式以国际市场来代替国内市场。

　　为全面衡量我国企业异地投资的规模，本章结合对外投资的年份投资规模进行对比分析。图4.3给出了对外投资规模与异地投资规模的对比趋势。可以观察到，在2007年之前企业对外投资的投资规模明显小于企业国内异地投资的规模；但2007年以后企业对外投资规模迅速增加，几乎是企业国内异地投资规模的两倍甚至三倍，两者差距越来越大。这表明相对于国内而言，国际市场更能吸引企业投资，企业国内投资整体趋势还有待增强。

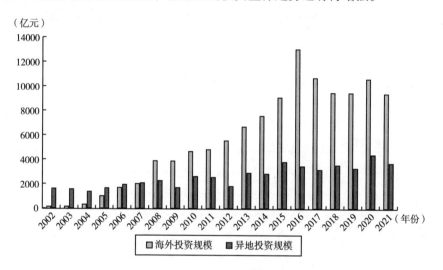

图4.3　2002~2021年企业异地投资与对外投资规模

资料来源：对外投资规模来源于中国对外直接投资统计公报，异地投资数据同上。

　　继续对比企业本地（同省）投资与异地投资的趋势，在此采用累计数据，如图4.4所示。从投资新建子公司数来看，1992年之前，本地投资新建子公司与异地投资新建子公司数量并无明显差别，基本持平；1992~2009年本地投资新建子公司累计数明显多于异地投资新建子公司累计数；2009年以后异地投资新建子公司累计数开始反超并远远高于本地投资新建子公司累计数。从投资累计规模来看，虽然异地投资新增企业数开始逐渐增多，并反超本地投资新建子公司累计数，但异地投资累计规模却始终小于本地投资累计规模，表明异地投资的数量虽然在不断增加，但依然是小规模的投资方式。表4.1是企业每年本地与异地新建子公司数和投资规模。

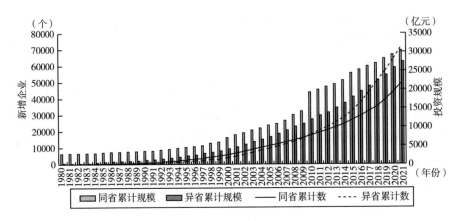

图4.4 1980~2021年企业同省与异省新增企业累计数与投资累计规模

资料来源：Wind和国泰安数据库，作者整理。

表4.1   **1980~2021年企业同省与异省新增企业数与投资规模**

年份	同省数量（个）	异省数量（个）	同省投资规模（亿元）	异省投资规模（亿元）
1980	20	15	6367	178
1981	34	26	134	232
1982	30	8	64	23
1983	10	5	78	60
1984	31	29	75	471
1985	31	34	389	360
1986	41	29	251	322
1987	11	16	83	86
1988	33	24	238	98
1989	75	37	121	243
1990	62	52	191	439
1991	41	37	38	278
1992	166	107	619	459
1993	267	143	513	555
1994	200	117	592	521
1995	200	113	526	848
1996	192	106	438	412
1997	207	150	597	1101

续表

年份	同省数量（个）	异省数量（个）	同省投资规模（亿元）	异省投资规模（亿元）
1998	279	221	1475	593
1999	279	198	672	843
2000	345	290	2684	1214
2001	423	382	1719	1162
2002	478	479	1208	1609
2003	532	559	1626	1558
2004	504	565	1278	1360
2005	460	475	1750	1653
2006	457	574	882	1936
2007	556	628	1924	2078
2008	500	691	3645	2258
2009	572	781	2179	1692
2010	690	1067	11541	2607
2011	701	1052	1560	2540
2012	683	949	1830	1806
2013	771	1192	1542	2898
2014	869	1419	2374	2830
2015	1054	1710	4435	3792
2016	1100	2151	2074	3453
2017	1282	2699	2090	3163
2018	1212	3030	1782	3534
2019	1863	2761	2931	3281
2020	2129	3235	2314	4385
2021	2438	3527	2683	3686

资料来源：Wind 和国泰安数据库，作者整理。

从以上图与表可知，我国企业异地投资的新建子公司数和投资规模均呈现出不断增长的趋势。但与对外投资和本地投资进行对比后，企业异地投资的总规模不及对外投资，累计投资规模也小于本地投资规模，这表明我国企业异地投资的发展空间还有待进一步拓展。

二、行业分布

经过 40 年的发展，异地投资的企业在行业结构分布上已呈现出全面化特征。首先分析三大产业中企业的异地投资情况，随后根据《国民经济行业分类》（GB/T4754－2017），进一步考察细分行业中的企业在 2010～2021 年新建异地子公司数与投资规模的状况。

（一）三大产业统计分析

图 4.5 给出了 2010～2021 年我国三大产业中的企业新增异地子公司数与投资规模占比情况。可以看出，我国企业异地投资的产业结构在不断优化：第一产业异地投资新增子公司数与投资规模的占比在逐渐下降，分别从 2010 年的 1.71% 和 0.95% 下降至 2021 年的 0.60% 和 0.40%；第二产业异地投资的新增子公司数由 2010 年的 51.43% 增长至 2021 年的 55.91%，投资规模由 2010 年的 50.46% 增长至 2021 年的 60.20%，第二产业异地投资趋势整体有所上升，且占据较大比例；第三产业异地投资子公司数由 2010 年的 46.86% 下降至 2021 年的 43.49%，异地投资规模由 2010 年的 48.59% 下降至 2021 年的 39.50%，整体呈现下降趋势。

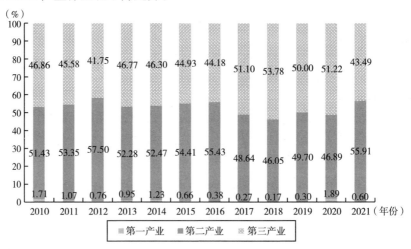

图 4.5（a）　2010～2021 年三大产业新增异地子公司数占比情况

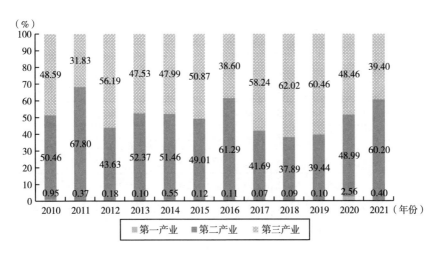

图 4.5（b） 2010～2021 年三大产业异地投资规模占比情况

资料来源：Wind 和国泰安数据库，作者整理。

（二）国民经济细分行业统计分布

表 4.2 给出了 2010～2021 年各行业新增异地子公司的占比分布情况。从总体上来看，制造业与房地产业新增异地子公司的占比远超其他行业，两者之和达到 60% 左右。其中制造业企业异地新建子公司的占比呈现出波动中不断下降而后又回升的趋势，即从 2010 年的 39.68% 下降至 2018 年的 32.59%，2021 年回升至 46.61%；房地产业的占比则呈现出缓慢上升而后下降的趋势，从 2010 年的 17.45% 上升至 2018 年的 31.80%，2021 年又回落至 13.52%；批发和零售业、电力、热力、燃气及水的生产和供应业、建筑业的子公司数量属于第二梯队，略高于其他行业，但远不及制造业和房地产业。

表 4.2　　2010～2021 年各行业企业新增异地子公司数的占比分布情况 单位：%

行业	2010 年	2011 年	2012 年	2013 年	2014 年	2015 年	2016 年	2017 年	2018 年	2019 年	2020 年	2021 年
C	39.68	41.35	43.19	38.91	38.60	40.56	39.86	34.84	32.59	40.83	40.03	46.61
K	17.45	15.78	13.62	18.15	14.53	15.16	16.97	25.88	31.80	25.88	21.08	13.52
F	9.10	8.75	8.55	8.57	11.25	10.01	7.35	7.83	6.57	8.38	6.99	7.94
D	6.19	5.99	6.86	5.97	7.26	9.18	8.77	4.85	3.55	3.48	4.27	6.61

续表

行业	2010 年	2011 年	2012 年	2013 年	2014 年	2015 年	2016 年	2017 年	2018 年	2019 年	2020 年	2021 年
E	2.91	2.95	3.70	4.37	4.13	2.84	5.31	7.15	8.07	3.53	2.01	2.10
R	4.60	4.66	3.17	4.12	4.70	3.37	4.55	3.05	1.99	2.11	0.93	0.88
N	2.06	1.90	2.64	2.35	3.92	4.80	5.45	5.30	4.31	2.94	1.36	1.42
I	3.19	3.90	2.75	3.53	3.63	3.79	2.80	3.12	2.79	3.77	6.34	6.38
G	1.78	3.14	2.43	2.86	2.78	1.72	2.42	1.58	1.59	2.40	6.74	6.29
J	2.44	2.66	5.17	4.12	2.21	2.90	2.13	1.39	1.69	1.23	1.51	1.05
L	1.50	2.19	2.11	2.44	1.85	1.95	1.42	2.14	2.49	2.16	4.14	3.97
B	1.88	1.90	2.53	1.76	1.50	0.77	0.71	0.75	0.70	0.78	0.59	0.60
A	1.69	1.05	0.74	0.92	1.21	0.65	0.38	0.26	0.17	0.29	1.89	0.60
M	1.22	1.71	0.53	0.76	1.00	0.71	0.62	0.68	0.56	0.69	0.93	1.02
H	0.94	0.00	0.00	0.17	0.07	0.18	0.05	0.00	0.00	0.05	0.06	0.03
Q	0.47	0.57	0.00	0.08	0.21	0.36	0.19	0.23	0.03	0.10	0.43	0.71
P	0.09	0.10	0.21	0.08	0.00	0.12	0.09	0.23	0.60	0.88	0.40	0.20
O	0.28	0.00	0.21	0.17	0.43	0.06	0.14	0.08	0.10	0.20	0.31	0.09

注：各序号所代表的行业分别为：A 农、林、牧、渔业；B 采矿业；C 制造业；D 电力、热力、燃气及水的生产和供应业；E 建筑业；F 批发和零售业；G 交通运输、仓储和邮政业；H 住宿和餐饮业；I 信息传输、计算机服务和软件业；J 金融业；K 房地产业；L 租赁和商务服务业；M 科学研究、技术服务和地质勘查业；N 水利、环境和公共设施管理业；O 居民服务、修理和其他服务业；P 教育；Q 卫生、社会保障和社会福利业；R 文化、体育和娱乐业等。另外还有三家上市公司行业属于综合业，其业务横跨多个行业，占比极小，为清晰归类，故舍去 。以上行业排序按 2010～2021 年的均值排序，以下类同。

由表 4.3 可知，各行业企业异地投资规模占比与新增异地子公司数占比并非完全一致。整体来看，制造业与房地产业仍占据较大比例，远超其他行业；制造业企业异地投资规模占比从 2010 年的 33.78% 上升至 2021 年的 45.34%，房地产业从 2010 年的 19.51% 上升至 2021 年的 27.58%；在 2010～2019 年，制造业处于不断下降趋势，但在 2020～2021 年呈现大比例回升，房地产业呈现相反趋势；从 2010～2021 年企业异地投资规模的均值以及整体趋势来看，电力、热力、燃气及水的生产和供应业、批发与零售业以及金融业的整体投资规模趋势高于其他行业。

表 4.3   2010～2021 年各行业企业异地投资规模的占比分布情况   单位:%

行业	2010 年	2011 年	2012 年	2013 年	2014 年	2015 年	2016 年	2017 年	2018 年	2019 年	2020 年	2021 年
C	33.78	42.34	27.49	20.62	25.25	29.89	35.29	27.61	25.06	29.97	34.59	45.34
K	19.51	14.44	12.83	25.06	20.16	12.2	25.4	34.88	43.36	37.31	38.71	27.58
J	12.91	3.18	26.6	11.87	6.89	22.53	1.17	6.18	0.74	9.64	0.36	0.9
F	9.63	7.68	3.53	3.39	10.86	11.09	3.36	4.6	2.84	3.13	1.43	2.77
D	7.54	7.14	7.75	19.32	10.29	12.14	6.09	5.32	6.19	5.74	11.79	11.8
B	6.25	11.24	4.17	9.51	10.58	0.6	7.68	0.96	0.41	0.57	0.34	1.1
E	2.89	7.08	4.22	2.92	5.35	6.38	12.23	7.8	6.23	3.16	2.26	1.96
G	1.9	2.34	2.86	3.13	4.29	1.07	1.38	0.94	4.12	1.72	3.48	1.68
A	0.95	0.37	0.18	0.1	0.55	0.12	0.11	0.07	0.09	0.1	2.56	0.4
I	0.91	0.55	0.65	0.43	0.63	0.57	1.12	1.52	2.79	1.56	1.36	3.22
L	0.75	1.47	1.12	2.12	2.98	1.11	3.17	5.32	4.64	4.65	1.75	1.95
H	0.73	0	0	0.01	0.01	0.01	0	0	0	0.02	0	0.01
N	0.55	0.75	0.88	0.73	1.07	1.67	1.96	3.04	2.77	1.84	0.87	0.81
M	0.44	0.25	0.01	0.09	0.08	0.21	0.11	0.6	0.13	0.22	0.28	0.23
R	0.4	0.84	0.2	0.18	0.61	0.14	0.44	0.33	0.2	0.16	0.08	0.11
O	0.08	0	0.06	0.01	0	0	0.09	0.02	0.01	0.01	0	0
Q	0.03	0.05	0	0	0.03	0.03	0.03	0.03	0	0.01	0.06	0.09
P	0	0	0	0.01	0	0	0	0.03	0.02	0.01	0.07	0.05

三、区位分布

图 4.6 和表 4.4 给出了我国各省份吸引外地企业投资新建子公司的数量。可以看出,虽然各省份均有外地企业投资,但在新建子公司数量与年均涨幅方面却存在显著差距。具体而言,吸引国内企业投资设厂最多的省份是东部沿海经济较为发达的地区,包括江苏省、上海市、浙江省、广东省、海南省和山东省;而西部省份如青海省、宁夏回族自治区、甘肃省和西藏自治区等地,外省企业新建子公司数比较少,重庆市也是吸引外地企业投资设厂最少的直辖市。从增幅来看,涨幅最大的区域均在西部省份,如四川省、新疆维吾尔自治区和宁夏回族自治区。

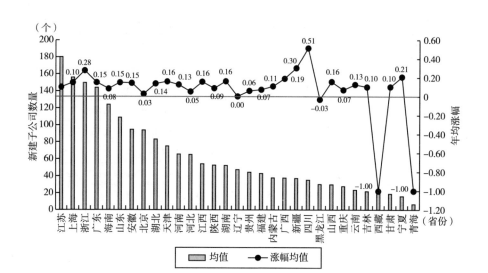

图 4.6　2010～2021 年各省外地企业新建子公司数均值与年均涨幅

资料来源：Wind 和国泰安数据库，作者整理。

结合表 4.4 的数据，可以发现这几个地区在 2010～2011 年初始拥有的外地企业新建子公司数较少，虽然涨幅较高，但总体数量依然偏少。

表 4.4　　　　　　**2010～2021 年各省外地企业新建子公司数**　　　　　　单位：个

省份	2010～2011 年	2012～2013 年	2014～2015 年	2016～2017 年	2018～2019 年	2020～2021 年
江苏	113	105	129	207	203	326
上海	75	83	153	155	154	317
浙江	33	73	93	209	250	243
广东	62	61	113	198	174	257
海南	73	74	94	166	179	160
山东	48	55	91	138	140	183
安徽	52	41	62	115	131	167
北京	75	71	109	95	86	128
湖北	34	37	65	105	117	143
天津	31	49	43	79	113	137
河南	26	28	50	93	103	94

续表

省份	2010～2011 年	2012～2013 年	2014～2015 年	2016～2017 年	2018～2019 年	2020～2021 年
河北	41	36	59	86	91	79
江西	25	21	28	68	91	94
陕西	27	29	36	57	79	90
湖南	25	28	34	71	67	90
辽宁	53	33	43	49	46	62
贵州	25	26	30	47	85	56
福建	27	19	36	48	54	74
内蒙古	26	24	35	42	42	58
广西	17	15	20	34	53	89
新疆	19	25	44	60	36	41
四川	7	18	24	41	37	86
黑龙江	27	26	25	46	33	26
山西	15	17	22	37	38	51
重庆	26	8	9	19	15	91
云南	14	14	13	22	27	53
吉林	14	17	21	25	23	33
西藏	29	10	25	37	21	0
甘肃	13	16	21	11	22	31
宁夏	5	12	17	25	15	25
青海	6	6	11	7	10	0

资料来源：Wind 和国泰安数据库，作者整理。

图 4.7 和表 4.5 给出了我国各省份吸引外地企业投资的总体规模情况。可以看出，江苏省、上海市、广东省、浙江省、海南省和北京市等获得的外地企业投资规模最多；青海省、吉林省、西藏自治区、甘肃省和宁夏回族自治区等地区最少。整体来看，仍然是东部沿海省份吸引的外省企业投资规模较大；西部内陆省份吸引的外省企业投资规模较小。从 2010～2021 年增幅来看，浙江省、山东省、湖南省吸引的企业投资规模年均涨幅最大。

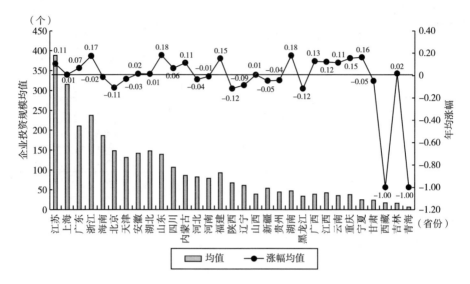

图 4.7　2010～2021 年各省外地企业投资规模的均值与年均涨幅

资料来源：Wind 和国泰安数据库，作者整理。

表 4.5 显示出江苏省、浙江省、上海市吸收的外地企业投资规模占据前三，分别从 2010～2011 年的 205.65 亿元、72.83 亿元和 173.65 亿元，增加至 2020～2021 年的 843.73 亿元、362.02 亿元和 311.61 亿元；而北京市、山西省与新疆维吾尔自治区的降幅最大，分别从 2010～2011 年的 132.56 亿元、102.69 亿元和 112.62 亿元，下降至 2020～2021 年的 46.18 亿元、27.27 亿元和 37.67 亿元。整体来看，长三角地区对企业投资的吸引力较强，东部和中部地区的投资流向也强于西部地区。

表 4.5			2010～2021 年各省外地企业投资规模			单位：亿元
省份	2010～2011 年	2012～2013 年	2014～2015 年	2016～2017 年	2018～2019 年	2020～2021 年
江苏	205.65	213.37	310.79	415.53	339.5	843.73
浙江	72.83	131.6	133.64	290.94	433.13	362.02
上海	173.65	226.86	742.54	307.19	129	311.61
广东	265.83	107.47	201.85	263.34	198.19	224.3
安徽	175.5	64.83	111.21	121.13	163.52	214.09
海南	149.53	137.84	258.13	194.14	179.51	197.47
山东	96.89	152.08	106.15	139.86	160.96	179.77

续表

省份	2010～2011 年	2012～2013 年	2014～2015 年	2016～2017 年	2018～2019 年	2020～2021 年
湖北	92.78	52.84	99.12	214.1	248.99	178.8
福建	70.75	28.7	233.06	47.05	36.54	141.95
天津	131.68	53.22	125.92	147.2	196.81	132.7
四川	41.77	184.92	59.31	201.26	35.52	116.27
内蒙古	128.34	180.99	18.38	72.58	24.95	92.63
江西	31.23	19.85	21.42	45.78	45.75	89.99
辽宁	121.67	40.48	34.75	46.48	34.77	89.4
广西	48.5	12.92	21.37	26	42.19	81.16
陕西	93.76	30.58	42.35	60.78	97.45	80.04
云南	23.57	41.91	8.85	40.72	28.18	68.03
河北	61.18	35.63	45.82	89.47	195.75	67.51
重庆	12.49	102.16	16.55	24.4	7.43	64.58
湖南	37.38	53.39	29.56	54.11	47.05	61.05
北京	132.56	194.1	280.57	127.92	106.69	46.18
贵州	47.5	19.83	52.8	43.94	56	45.75
新疆	112.62	19.36	59.13	36.13	56.41	37.67
河南	30.22	87.05	135.64	115.45	70.23	35.29
甘肃	43.25	28.95	20.05	6.82	11.09	33.21
宁夏	6.82	19.58	34.54	36.64	18.35	32.39
山西	102.69	19.24	35.12	25.29	22.64	27.27
黑龙江	29.23	73.7	21.63	38	16.76	22.92
吉林	13.39	7.61	16.14	20.03	18.53	21.37
西藏	10.33	7.24	25.36	51.37	9.66	0
青海	10.07	3.73	9.11	4.28	13.08	0

资料来源：Wind 和国泰安数据库，作者整理。

　　以上图表给出了各省份获得外地企业在当地新建子公司数与投资规模的变动情况，在此基础上本书进一步将其归为东部、中部和西部地区三类，以从整体上观察企业异地投资情况。从图 4.8 和图 4.9 可以看出，东部地区无论是新建子公司数还是投资规模都远远高于中西部地区，说明我国企业异地投资相对较为集中，多集中在东部省份；2010～2021 年区域投资格局相对较稳定，并未发生方向上的逆转。

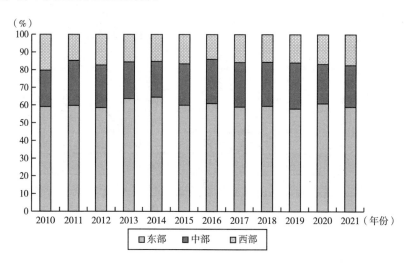

图 4.8 2010～2021 年东部、中部、西部地区外地企业新建企业数分布情况
资料来源：Wind 和国泰安数据库，作者整理。

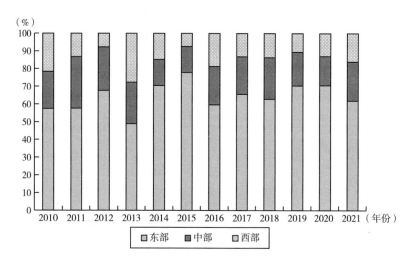

图 4.9 2010～2021 年东部、中部、西部地区外地企业投资规模分布情况
资料来源：Wind 和国泰安数据库，作者整理。

从上述图表来看，企业异地投资流向仍以东部省份为主，流向中西部省份较少，这与传统经济学的观点并不一致。传统经济学认为经济发展程度较高的地区资金回报率较低，资金应流向那些经济发展程度较低但边际报酬较高的区域，但我国企业异地投资的区位选择则呈现出相反的趋势。

为探析我国企业在各省份投资的结构特征，参照王恕立和向姣姣（2014）的做法，采用核密度估计法（kernel density estimation）估计2010～2021年我国各省份每年外地企业新建子公司数与投资规模的密度函数分布图，如图4.10所示。可以发现，无论是新建子公司数还是投资规模均呈左偏分布，且尾部较长，说明我国大多数省份获得的投资总量比较小，仅有少数省份地区获得了大规模的投资，这进一步验证了我国企业异地投资具有聚集少数地区的特征。

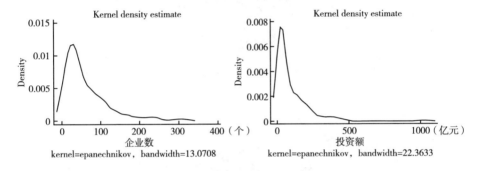

图4.10　异地投资新建企业数与投资规模核密度

资料来源：Wind和国泰安数据库，作者整理。

四、主体分析

前面已经介绍了上市公司异地投资的发展规模、行业与区位分布，本节重点介绍异地投资的主体特征。为比较不同性质企业的异地投资情况，本书根据企业性质将各投资企业划分为国有、民营、外资、集体与其他企业五种。

图4.11统计了2010～2021年不同类型企业异地投资新建子公司数与投资规模的累计数据。可以发现，我国异地投资主体呈现出多元化的趋势，但各主体间的差距较大。受企业总量的影响，民营企业和国有企业的新建子公司数和投资规模之和占总量的90%以上；其余三类性质的企业占比较小，总和占比小于10%。对比图4.11（a）和图4.11（b），可以发现在新增企业数方面，民营企业远高于国有企业，但在注册资本总量上，民营企业却远不及国有企业，表明民营企业异地投资的规模都比较小，这也与民营企业风险意识

高和整体实力较弱有关。

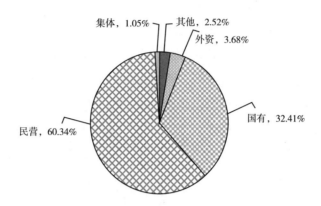

图 4.11（a）　2010～2021 年不同性质企业异地投资新建子公司数累计占比分布

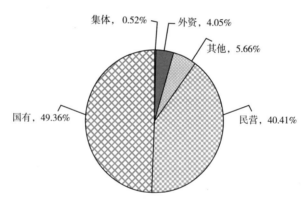

图 4.11（b）　2010～2021 年不同性质企业异地投资累计规模分析

资料来源：Wind 和国泰安数据库，作者整理。

图 4.12 给出了 2010～2021 年不同性质类型企业新增异地子公司数与投资规模的历年分布情况。可以看出，国有企业与民营企业仍占据绝大部分比例，但两者变化趋势有所差异。2010 年国有和民营企业新建异地子公司数占比分别为 41.75% 和 49.02%，到 2021 年该比例变为 25.26% 和 68.56%，民营企业新增异地子公司数增长加快，已占据总量的 2/3 左右，国有企业新增异地子公司数占比下降幅度较大，明显开始让位于民营企业，但两者之和占比仍在增加；投资规模也分别从 2010 年的 55.54% 和 31.41%，变化为 2021 年的 44.88% 和 48.82%，呈现出了主体变化情况。国有企业是企业异地发展初期

的排头兵，但随着国有企业的改革以及民营企业的快速发展，民营企业逐渐成长为我国企业异地投资的中坚力量。

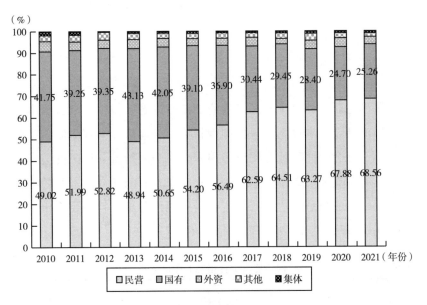

图 4.12（a） 2010～2021年不同性质企业新增异地子公司数占比情况

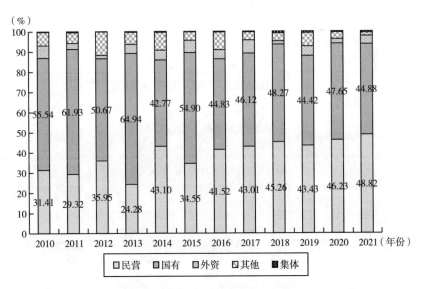

图 4.12（b） 2010～2021年不同性质企业异地投资规模占比情况

资料来源：Wind 和国泰安数据库，作者整理。

第三节　我国社会资本的发展趋势及空间分布

一、社会资本的测度指标

如何测度是研究社会资本经济效应的核心问题，但由于社会资本尚无统一定义，因而社会资本也无统一的测度指标。一地区社会资本涵盖了该地区的社会规范、社会信任与社会网络等内容。为全面衡量一地区社会资本的水平，参照学者曾克强（2018）的做法，从三个方面构建社会资本的综合指标体系，并采用主成分分析法进行测度，最后得出各地区社会资本水平。测度体系如表 4.6 所示。

表 4.6　　　　　　　　　社会资本综合指标的测度体系

二级指标	序号	三级指标	指标及测度方法	方向	借鉴文献
社会规范	A1	交通事故发生率	各地区交通事故发生数与人均 GDP 的比值	负向	张曼，2017
	A2	相对劳动争议受理率	当期劳动案件受理数与人均 GDP 的比值	负向	刘长生和简玉峰，2009
	A3	方言多样性的倒数	来自徐现祥等（2015）统计的地区方言多样性指数，以其倒数表示	正向	徐现祥等，2015
	A4	人均社会捐赠数	各地区社会捐赠数与当地总人口的比值表示	正向	周瑾和景光正，2018
社会信任	B1	CESS 指数	来自张维迎等（2002）依据中国企业家调查系统获得的地区社会信任问卷调查数据	正向	张维迎和柯荣住，2002
	B2	CGSS 信任指数	计算各省份居民对信任问题回答的平均值，作为各省份的信任环境指数	正向	吕炜等，2017
	B3	CEI 指数	CEI 指数能够衡量一个城市商业信用环境的好坏和信用体系的运行效果	正向	董淑兰和邹安妮，2018；张超男，2020

续表

二级指标	序号	三级指标	指标及测度方法	方向	借鉴文献
社会网络	C1	互联网普及率	各地区互联网上网人数与地区总人口的比值	正向	严成樑，2012
	C2	电话普及率	各地区总电话数（包括固定电话和移动电话）与总人口的比值	正向	严成樑，2012
	C3	人均社会组织数	各地区社会组织总数与总人口的比值	正向	杨宇和沈坤荣，2010
	C4	人均邮电量	各地区邮电业务量与总人口的比值	正向	曾克强，2018
	C5	人均客运量	各地区客运量与总人口的比值	正向	曾克强，2018

社会规范体现了社会资本中的自我约束意识与互帮互助的道德水平，是社会信任与社会网络形成的基础。针对自我约束意识，主要采用交通事故发生率与相对劳动争议受理率来表示。交通事故发生率反映了一地区成员是否有较强的规则遵守意识，若交通事故发生率较低，则表明当地成员能够认真遵守交通道路行驶规则，即有意识地规范自己的行为，因而整体地区的社会规范性较强，反之则比较弱；相对劳动争议受理率在一定程度上反映了地区成员对遵守经济契约与履行自身职责的认知程度，如果劳动双方能够各司其职、恪尽职守，那么彼此间产生的纠纷与争议就会减少（刘长生和简玉峰，2009）。因此，相对劳动争议受理率也可以反映一地区的社会规范程度。

受地理区位与环境的影响，各地区内部可能存在多元化的群体，不同群体间的行为习惯与思维模式存在明显不同，彼此遵循的社会规范也会出现较大差异。当地区内部出现多种社会规范时，不仅不利于整体社会规范的形成，甚至会影响正式规章制度的约束作用。因此，地区生活群体的多元性应与地区社会规范负相关。方言是成员获取群体身份认同的重要维度，本书以方言多样性表示各地区群体的多元性，以方言多样性指数的倒数作为地区社会规范的衡量指标，该数据来源于徐现祥等（2015）构建的地区方言多样性指数。此外，部分学者认为社会规范也体现为一个地区互帮互助的精神，参照周瑾和景光正（2018）的做法，以人均社会捐赠数作为体现社会规范互帮互助的指标。

社会信任是合作的基础，是对合作方未来行为持有良好的心理预期。结合现有文献，主要选用以下三个指标综合测度地区信任水平：一是张维迎和柯荣住（2002）委托"中国企业家调查系统（CESS）"对全国15000多家企业进行的问卷调查，由此得到的各省份的信任指数（CESS指数）。二是利用中国综合社会调查问卷（CGSS）中关于信任的调查问题："总的来说，您同不同意在这个社会上，绝大多数人是可以信任的。"按照信任程度的高低依次赋值1~5，得分越高，表明个体成员认为地区的社会信任度越高。最后统计回复的平均值作为各地区社会信任的衡量指标（CGSS信任指数）。三是采用中国管理科学研究院编制的中国城市商业信用环境指数（CEI指数）。该指数包括信用投放、公司信用管理功能、政府信用监管、征信系统、失信违规行为、诚信教育和公司感受七个维度综合反映地区信用水平的高低，能够比较客观地反映地区的信任环境。

这三个指标的侧重点有所不同：CESS指数聚焦于地区信任环境的客体，即企业投资的感受；CGSS指数强调本地居民的感受；CEI指数则从多个角度综合考察地区的信任环境，考察因素更为多元，指标也更为客观。此外，CESS指数不具有时变性，CGSS指数与CEI指数则能够随着考察年份的变化而发生相应的变动。因此，选取的指标能够反映地区社会信任程度长短期的变化与效应。

社会网络是社会资本的载体，也是社会规范与社会信任得以不断巩固加强的客观基础。主要以互联网普及率、人均电话数、人均组织数、人均邮电量和人均客运量等指标表示。随着通信与互联网技术的普及与发展，人们日常生活和工作已逐渐离不开电话和互联网，而电话与互联网的信息共享与互联互通等功能，符合社会网络对经济影响的作用机制，因此，以互联网普及率与人均电话数作为社会网络的代理变量（严成樑，2012；张梁梁和杨俊，2018）。民间社会组织不仅加强了人与人之间的联系，同时也约束与规范着人们的行为。社会组织是构成地区成员关联的重要媒介，是社会资本的酿造机构（潘越等，2009），因此，以人均组织数作为社会网络的另一指标。此外，借鉴曾克强（2018）的做法，人均邮电量和人均客运量也反映了地区之间的经济和社会联系，也属于社会网络的范畴，因而本书也将这两个指标作为社会网络的代理指标。

从社会规范、社会信任与社会网络等角度构建社会资本综合指标的测度体系，有利于全面且客观地衡量各地区社会资本水平。克里希纳和普霍夫（Krishna and Uphoff，1999）认为，社会资本的经济效应主要是通过两种不同类型的社会资本来实现的，即结构型社会资本与认知型社会资本。由第二章的文献综述可知，结构型社会资本以具体和客观存在的组织与网络为载体，以实现合作效果为主要功能；认知型社会资本主要体现为信任、规范与价值观念等内容，以产生互惠期望为主要功能。为观察社会资本发挥作用的方式，本书进一步将社会资本区分为结构型社会资本与认知型社会资本，前者以人均组织数表示（彭晖等，2017；许福志，2018）；后者以张维迎和柯荣住（2002）的 CESS 指数表示。

在此需要说明的是，社会资本尚无统一测度指标，构建社会资本综合指标测度体系，有利于克服单一指标的片面性；随后又将社会资本区分为结构型与认知型，可以聚焦社会资本某一方面功能的作用，以单一指标进行测度，对多指标构建的社会资本综合指数也起到一定的检验作用，同时也有利于克服多指标的模糊性。以上数据来自历年各省市统计年鉴以及对应的文献。

二、社会资本的发展趋势

我国是一个乡土大国，乡土社会中以血缘和地缘为基础构成的关联网络，是各地区社会资本形成与发展的基础。但在市场经济发展的背景下，以血缘、地缘为基础的关联网络，其所具有的强封闭性与短信任半径的特征，并不能满足现代经济社会发展的需要，因而有学者认为我国是一个低信任水平的国家（Fukuyama，1995）。随着交通基础设施与通信技术的快速发展，人们的活动半径不断向外扩展，传统的差序格局也在不断被打破，我国各地区的普遍信任与广泛的关联网络也在逐步形成，各地区社会资本水平可能也发生了较大的变化。为此，首先介绍我国整体社会资本水平的变化趋势；其次观察各地区、各省份的社会资本变动情况，并给出社会资本水平的空间分布特征。

需要说明的是，以张维迎和柯荣住（2002）的 CESS 信任指数作为认知型社会资本的替代指标，不具有时间变化特征，因而在观察社会资本时间变化特征时，仅以结构型社会资本和以多指标构建的社会资本综合指数作为观察对象，而在观察社会资本空间分布时，则进一步加入以信任指数表示的认知型社会资本。

图 4.13 和图 4.14 给出了 2010～2021 年社会资本综合指数和结构型社会资本的变化情况。可以看出，在此期间我国无论是社会资本还是社会资本分维度指标都呈现出逐渐上升的特征。结构型社会资本从 2010 年的 106.5 上升至 2021 年的 195.6；社会资本综合指数从 2010 年的 −5.33 上升至 2021 年的 7.56。

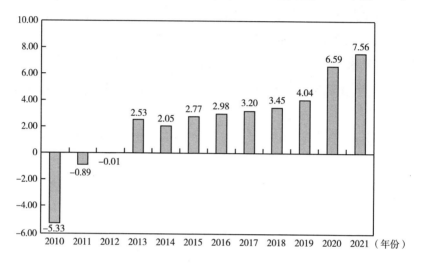

图 4.13　2010～2021 年社会资本综合指数

注：基于主成分分析法估计得到各地区社会资本综合指数是一个相对值，主成分分析法将样本均值设定为 0，每个地区或年份的社会资本数值即表示为高于或低于样本均值的程度。

资料来源：作者整理。

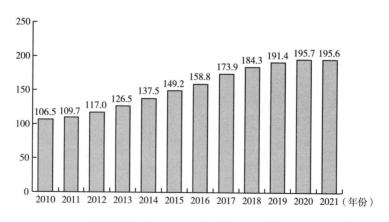

图 4.14　2010～2021 年结构型社会资本

资料来源：作者整理。

　　图 4.15 和图 4.16 给出了 2010～2021 年我国三大区域社会资本综合指数和结构型社会资本的变动情况。由图 4.15 可知，社会资本综合指数呈现出东部地区远高于中西部地区的分布特征，其中，中部地区数值在前期高于西部地区，但在后期却略低于西部地区。从图 4.16 可知，东部结构型社会资本数值最高；其次是西部地区；最后是中部地区。

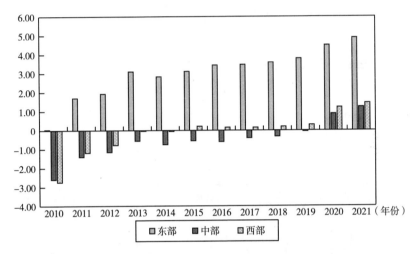

图 4.15　2010～2021 年我国东部、中部、西部社会资本综合指数的变动情况

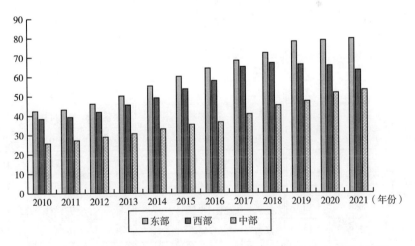

图 4.16　2010～2021 年我国东部、中部与西部结构型社会资本变动情况

　　整体来看，我国结构型社会资本水平呈现出逐步上升的趋势，但各地区间差距比较明显,其中东部地区社会资本水平明显高于西部地区,而西部地区又高于中部地区。这似乎与我国经济发展水平的空间分布并不一致。由文献综述可知,结构型社会资本有可能会产生负向效应,对于西部地区而言,自然资源与生态环境都比较薄弱,人们之间更容易形成互帮互助的社会网络,但由于远离市场,与外界交流成本较高,小圈子特征明显。虽然社会资本水平整体较高,但却不利于经济发展。

三、社会资本的空间分布

表4.7给出了我国31个省份的认知型社会资本、结构型社会资本与社会资本综合指数的最新数值。

表4.7 各地区社会资本水平

地区	认知型社会资本	排名	地区	结构型社会资本	排名	地区	社会资本综合指数	排名
上海	218.9	1	浙江	11.1353	1	上海	0.8835	1
北京	169	2	江苏	10.4935	2	北京	0.7686	2
江苏	118.7	3	青海	10.0960	3	江苏	0.5646	3
广东	117.2	4	海南	8.6569	4	浙江	0.5605	4
山东	96.2	5	甘肃	8.6562	5	海南	0.4578	5
浙江	77.7	6	福建	8.4633	6	天津	0.3650	6
天津	49.9	7	陕西	7.8933	7	山东	0.3164	7
辽宁	32.1	8	内蒙古	7.2033	8	福建	0.3113	8
河北	30.1	9	宁夏	6.9931	9	广东	0.3101	9
四川	27.1	10	上海	6.9779	10	青海	0.2712	10
福建	24.3	11	黑龙江	6.5002	11	重庆	0.2639	11
云南	18.8	12	辽宁	6.3592	12	陕西	0.2371	12
黑龙江	15.9	13	江西	6.2652	13	江西	0.2316	13
新疆	15.6	14	山东	6.2622	14	西藏	0.2010	14
陕西	15.5	15	北京	5.8894	15	内蒙古	0.1804	15
吉林	14.8	16	广西	5.8537	16	新疆	0.1802	16

续表

地区	认知型 社会资本	排名	地区	结构型 社会资本	排名	地区	社会资本 综合指数	排名
河南	14.4	17	安徽	5.8261	17	辽宁	0.1754	17
重庆	14.1	18	湖南	5.7964	18	河北	0.1746	18
湖北	13.6	19	重庆	5.7786	19	安徽	0.1645	19
广西	13	20	广东	5.6634	20	河南	0.1618	20
安徽	12.6	21	吉林	5.6585	21	黑龙江	0.1454	21
山西	12.1	22	四川	5.4390	22	甘肃	0.1198	22
内蒙古	11.6	23	湖北	5.4093	23	宁夏	0.1057	23
湖南	9.9	24	山西	5.3256	24	湖南	0.0923	24
甘肃	8.2	25	河南	5.0508	25	山西	0.0878	25
贵州	7.4	26	河北	4.9443	26	吉林	0.0867	26
江西	7.4	27	云南	4.9064	27	湖北	0.0830	27
青海	4.8	28	天津	4.6300	28	云南	0.0610	28
宁夏	4.6	29	贵州	3.8271	29	四川	0.0595	29
海南	4.1	30	新疆	1.9583	30	贵州	0.0095	30
西藏	2.7	31	西藏	1.7295	31	广西	−0.0656	31

注：认知型社会资本采用张维迎和柯荣住（2002）的数据；结构型社会资本和社会资本综合指数均为作者计算的 2021 年数值。

从数值来看，认知型社会资本排名前五位的省份分别为：上海、北京、江苏、广东、山东，均为东部沿海省份；排名后五位的省份为西藏、海南、宁夏、青海和江西，多数为西部地区。结构型社会资本排名前五位的省份有浙江、江苏、青海、海南和甘肃，既有东部沿海经济发达的省份，也有西部经济较为落后的省份；排名后五位的有西藏、新疆、贵州、天津和云南，同样包含东部和西部省份。社会资本综合指数排名前五位的有上海、北京、江苏、浙江和海南；排名后五位的有广西、贵州、四川、云南和湖北。可以看出，认知型社会资本呈现出东、中、西部逐渐递减的趋势，与经济发展水平的空间分布相似；而结构型社会资本却呈现出东部和西部两头高、中部较低的哑铃型空间分布；社会资本综合指数从整体上表现出东部地区数值高于中西部的特征。

第四节　社会资本与企业投资区位选择的相关性分析

从以上分析可知，我国各省份社会资本水平和各省份获取的外地企业新建子公司数与投资规模均存在较大差距，那么彼此之间是否存在关联？为此，通过散点图和拟合曲线来考察两者的相关性。

认知型社会资本不具有时变性，故本书将外地企业在各省份新建子公司数和投资规模进行汇总，得到2010~2021年总数。结构型社会资本与社会资本综合指标具有时变性，利用2010~2021年各省份社会资本数量与每年获得的子公司数与投资规模做相关性分析。从图4.17可以看出，无论是认知型社会资本与结构型社会资本，还是以综合指数表示的社会资本，均与外地企业新建子公司数与外地企业投资规模正相关，显示出各地社会资本可能是影响企业投资区位选择的重要因素。

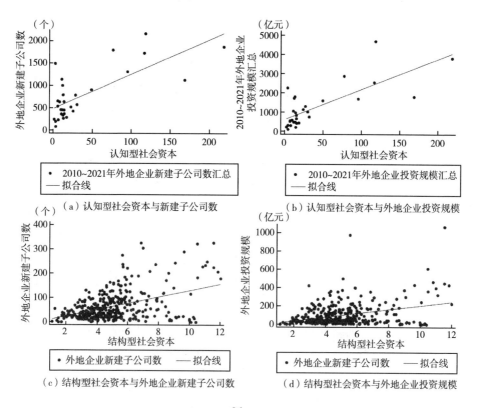

（a）认知型社会资本与新建子公司数

（b）认知型社会资本与外地企业投资规模

（c）结构型社会资本与外地企业新建子公司数

（d）结构型社会资本与外地企业投资规模

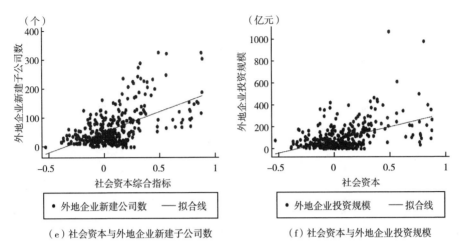

（e）社会资本与外地企业新建子公司数　　　（f）社会资本与外地企业投资规模

图 4.17　社会资本与外地企业新建子公司数和投资规模

资料来源：作者整理。

第五节　本章小结

本章全面描述了上市公司异地投资的整体规模、行业分布、区位分布与主体构成；介绍了各地区社会资本的发展趋势；通过散点与线性拟合图观察了两者之间的可能关系。研究发现：（1）我国上市公司异地投资新建子公司的数量与注册资本代表的投资规模都在不断增加，但投资规模不及海外投资与本地投资。从行业分布来看：第二产业企业异地投资仍占据较大比例；异地投资的企业虽然遍及国民经济的各个行业，但主要集中于制造业和房地产业。从区位分布来看，我国企业异地投资区位相对集中于东部省份，如江苏、浙江、上海和广东等；西部地区如青海、宁夏等省份对外地企业吸引较小。从投资主体来看，我国异地投资主体呈现出多元化趋势，但民营企业与国有企业占绝大多数比例，两者之和达到了 90% 以上；国有企业新建异地子公司数较少，但投资规模较大，民营企业新建异地子公司数较多，但投资规模较小。（2）从社会资本的整体变化趋势来看，2010～2021 年我国各地区社会资本水平明显提升，但各地区的差距也在不断扩大。认知型社会资本分布呈现出东部沿海省份高于中西部内陆省份的特征；而结构型社会资本却表现出东部和西部省份较高、中西部省份较低的哑铃型分布。（3）运用 Stata17 绘制了社会资本与各省新增外地企业子公司数与投资规模的散点拟合图，结果发现社会资本均与各地新建的外地子公司数与子公司注册资本代表的投资规模正相关，直观上反映了各地社会资本会影响企业的投资区位选择。

第五章 社会资本对企业投资区位选择的影响效应与影响渠道检验

针对资本流动的"卢卡斯之谜",阿尔法罗等(Alfaro et al., 2008)从制度角度进行了解释。他认为发达国家或地区不仅拥有较高的人力资本,还拥有良好的制度环境。良好的制度环境能够降低企业投资风险,保障其投资收益,因而在企业投资过程中具有较高的吸引力。在我国经济转型发展的过程中,正式制度建设并不完善,更多时候是依靠非正式制度发挥相应的功能。社会资本作为非正式制度的重要内容,其在我国经济发展过程中也发挥了一定的作用。第四章的特征事实显示,企业投资新建子公司和投资规模均偏向于东部沿海省份,认知型社会资本呈现出东部高、中西部低的特征。从比较直观的散点图和拟合图来看,各地社会资本与企业投资新建子公司数和投资规模似乎存在明显的相关性。

为进一步检验社会资本是否影响企业投资的区位选择,以 A 股上市公司 2010~2021 年异地投资的数据为研究对象,采用条件 Logit 模型、负二项回归模型和 OLS 回归模型评估各地区社会资本对企业投资区位选择的影响程度,从实证的角度给出严谨的结论。

第一节 研究设计

一、样本选择与数据来源

以 2010~2021 年 A 股上市公司及其跨省设立的子公司为研究对象。上市公司及其子公司的相关信息来源于国泰安（CSMAR）上市公司基本信息数据库，由上市公司股权参控明细表获得各上市公司异地子公司的控股信息。在筛选异地子公司的样本时，参考曹春方等（2019）的做法，仅选取参股50%及以上的异地子公司作为研究样本，剔除控股比例不明的样本，剔除有限合伙的异地子公司；为避免历史投资的影响，以当年新建子公司这一行为表示企业异地投资区位选择的现状。随后利用天眼查与百度等网站获得上市公司异地子公司的注册地址、注册时间和注册资本等基本信息；剔除金融行业上市公司、B股上市公司、被特殊处理的上市公司以及从来没有设立异地子公司的公司，由此得到2010～2021年上市公司新建异地子公司的相关数据，经整理最后共得到5470条"年份—上市公司"组合数据。

需要说明的是，我们仅能观察到企业在某省份投资这一结果，事实上，企业在投资前面临着多个区位选择。为考察企业如何选择投资区位这一过程，本书参考宗方宇等（2012）、王永钦等（2014）的研究，构建上市公司异地投资区位选择组合，即认为每一家上市公司在选择何地设立异地子公司时，都面临着除本省以外的30个省份（目前我国有34个省级行政单位，包括23个省、5个自治区、4个直辖市、2个特别行政区，企业在台湾地区、香港特别行政区和澳门特别行政区等地投资的数据缺失，因此本书仅考虑其余行政单位作为企业可选择的投资地区。去掉企业所在省份以外，企业面临的投资区位共有30个）可供选择；每个"年份—企业"组合都有30个观测值，每个观测值代表企业当年设立异地子公司的所有区位选择。5470条"年份—企业"组合与30个投资备选地区的乘积构成了本书的数据集合，整理共得到164100个"年份–上市公司–投资区位"观测值。

本书所需统计数据分为宏观、微观两个方面，其中，宏观数据来自历年《中国统计年鉴》《中国城市统计年鉴》《中国区域经济统计年鉴》《中国劳动统计年鉴》《中国检察年鉴》《财经文本大数据基础数据库》；微观企业数据来自国泰君安（CSMAR）数据库、Wind数据库以及天眼查网站等。

二、变量说明

（一）投资区位选择

借鉴陈兆源等（2018）的做法，将企业是否在某地投资作为被解释变量：

若企业 i 选择在 j 地投资，被解释变量 Lci_{ijt}（年份 $-i$ 企业 $-j$ 省份的观测值）赋值为 1；否则为 0。是否在某地投资只是从直观上看到区位条件对企业投资的吸引力，实际上，一家企业可能会向多个地区投资，而每个地区投资多少更能反映区位条件对企业投资的吸引力与长期投资的倾向。为此，同时采用企业在某地投资新建子公司数（虞力，2015）与投资规模作为被解释变量，这两个指标可以视为企业选择在某地投资后的延伸情况。

（二）社会资本

社会资本的度量指标采用张维迎和柯荣住（2002）的 CESS 信任指数表示认知型社会资本，采用人均社会组织数表示结构型社会资本；同时采用社会资本综合指数作为衡量地区社会资本整体发展的代理指标。

（三）其他控制变量

依据文献可知，企业投资区位选择不仅受到备选区域资源禀赋与发展条件的影响，同时也会受到其自身特征的限制。参考王艳等（2017）和李丹（2019）的研究，在模型中控制了可能影响企业投资区位选择的企业层面和地区层面的变量。企业层面的变量主要包括：企业年龄（Age）、企业规模（$Size$）、所有权性质（Soe）、资产负债率（$Lever$）、现金流比率（$Cash$）、投资不可逆程度（$Irre$）、薪酬激励（$Salary$）和到投资地的距离（Dis）等。地区层面的变量包括：人力资本水平（Edu）、工业化水平（Ind）和产业结构（Str）。表 5.1 列示了主要变量的定义。此外，还在模型中控制了行业（$Industry$）与年份（$Year$）固定效应。

表 5.1　　　　　　　　　　　变量的定义

变量类型	变量名称	变量符号	变量定义
被解释变量	是否投资	Lci	若上市公司 i 第 t 年在 j 省份新建一个及以上子、孙公司，取 1；否则取 0
	投资企业数	$Lcinum$	上市公司 i 第 t 年在 j 省份设立的子公司数量
	投资规模	$Lciscale$	上市公司 i 第 t 年在 j 省份设立子公司的注册资本总额，取对数值处理

续表

变量类型	变量名称	变量符号	变量定义
解释变量	社会资本综合指数	*Soccap*	利用社会资本测度体系构建综合指数
	结构型社会资本	*Strusc*	以人均社会组织数表示
	认知型社会资本	*Cognsc*	以 CESS 信任调查结果表示
企业层面控制变量	企业年龄	*Age*	以企业开展异地投资年份与成立年份之差加 1 的自然对数衡量
	企业规模	*Size*	以企业总资产的自然对数衡量
	所有制性质	*Soe*	若为国企，赋值 1；否则为 0
	资产负债率	*Debt*	以企业总负债与总资产的比值衡量
	现金流比率	*Cash*	以经营活动产生的现金流量净额与总资产的比值表示
	投资不可逆程度	*Irre*	以企业固定资产与总资产的比值表示
	薪酬激励	*Salary*	高管前三名薪酬总额与支付给职工以及为职工支付的现金的比值
	到投资地区的距离	*Dis*	以企业所在地省会城市与投资地区省会城市的距离对数值来表示
地区层面控制变量	人力资本水平	*Edu*	采用劳动力平均受教育年限表示
	工业化水平	*Ind*	采用第二产业增加值占国内生产总值的比重
	产业结构	*Stru*	采用各地区二三产业增加值的比值表示

三、模型设定

无论是理论研究还是经验探索，学者们均认为企业投资的区位选择不是一个随机的过程，而是投资企业在利润最大化的目标下，基于自身条件与可选择投资地区资源状况所作出的理性决策；而且企业在决策时，常会面临多个备选区域。在研究情境中，上市公司进行异地投资时，都会面临除本地以外的多个可选择区域，从数据结构上应选用离散模型。结合以上两点并参考现有文献的做法，本书采用由麦克法登（McFadden，1974）提出的条件 Logit（Conditional Logit）模型进行估计，该模型尤其适合个体面临多项选择方案时的情形（王永钦等，2014；郑莹和阎大颖，2015；金中坤和潘镇，2020）。模型设定具体如下：

假设经济中代表性企业 i 选择在区域 j 处设立子公司，那么该代表性企业的利润为：

$$\pi_{ij} = R(X_{ij}^d) - C(X_{ij}^s) \tag{5.1}$$

其中，$R(\cdot)$ 和 $C(\cdot)$ 分别表示企业收益与成本；X_{ij}^d 和 X_{ij}^s 表示省份 j 影响企业 i 收入和成本的需求与供给因素。企业 i 的利润表达式为：

$$\pi_{ij} = V_{ij} + \varepsilon_{ij} = R(X_{ij}^d) - C(X_{ij}^s) + \varepsilon_{ij} \tag{5.2}$$

其中，ε_{ij} 表示随机误差项。假设可供企业选择的地区集合为 J，那么基于利润最大化原则，代表性企业 i 选址在地区 j 的原因主要在于：

$$\pi_{ij} > \pi_{im}, \forall m \in J, m \neq j \tag{5.3}$$

式（5.3）表明在地区 j 获得的投资利润应该是最高的。

利润函数表明 i 企业在 j 地区投资的概率为：

$$P_{ij} = Prob(\pi_{ij} > \pi_{im}), \forall m \in J, m \neq j \tag{5.4}$$

如果我们进一步假设随机误差项 ε_{ij} 是独立且服从韦布尔分布，可以用条件 Logit 模型将企业 i 选址于地区 j 的概率表示为：

$$P_{ij} = \frac{exp(V_{ij})}{\sum_{j \in J} exp(V_{ij})} \tag{5.5}$$

假设存在一些影响企业利润的供给与需求函数，为考察这些供给需求函数的影响，本书用 V_{ij} 表示为这些影响因素的线性组合，即：

$$V_{ij} = \beta^d X_{ij}^d + \beta^s X_{ij}^s \tag{5.6}$$

其中，X_{ij}^d 和 X_{ij}^s 表示需求和供给因素。通常情况下，本书采用极大似然估计法确定参数 β^d 和 β^s。

因此，可用条件 Logit 模型估计社会资本对企业投资区位选择的影响：

$$Lci_{ijt} = \beta_0 + \beta_1 Sc_{jt} + \beta_2 X_{jt} + \beta_3 U_{it} + \eta_t + \varphi_i + \varepsilon_{ijt} \tag{5.7}$$

式（5.7）中，下标 i、j、t 分别表示企业、省份和年份；因变量 Lci_{ijt} 是一个二元变量，如果第 t 年公司 i 在省份 j 新建了一家子公司，则取值为 1，否则为 0；核心解释变量 Sc_{jt} 表示第 t 年 j 省份的社会资本；X_{jt} 表示省份 j 的控制变量；U_{it} 表示公司层面的控制变量；ε_{ijt} 为随机误差项。此外，式（5.7）中还控制了年份固定效应 η_t 与行业固定效应 φ_i。

当企业选择在某地投资后，其会面临投资多少的问题。鉴于企业间的经济实力、发展战略以及对外投资意愿均存在较大差异，各企业间设立的异地子公司数可能存在极端化情况，即某些企业可能在多个地区设立多家子公司，也可能仅在一个地区设立一家子公司，因此表示企业投资数量的指标——企业在某地设立子公司数，是一个非负整数的计数变量（Count data）。参考其他学者的做法，采用允许过度分散的负二项回归模型进行估计（王疆和江娟，2017）。通过加总企业在某地设立子公司的注册资本，作为企业在当地投资的规模指标（杨娇辉等，2016），该指标更能反映企业真实的投资意愿（王胜等，2014）。在进行估计时，对该指标取对数处理（邓明，2012），并采用OLS 回归模型进行估计。

四、描述性统计

表 5.2 给出了主要变量的描述性统计。由表 5.2 可知，企业投资区位选择的均值只有 0.069，标准差为 0.253；在投资地区建立子公司数量的均值为 0.106，标准差为 0.556；投资规模均值为 0.601，标准差为 2.216。虽然特征事实给出企业异地投资数量和规模在不断增加，但相对于可选择的投资地区而言，企业异地投资的数量和规模仍然比较小，这一点与宋渊洋和黄礼伟（2014）的结论一致。各地区结构型社会资本的最小值为 1.527，最大值为 11.552；相较于结构型社会资本，各地区间的认知型社会资本差距较大；基于主成分分析法估计得到各地区社会资本综合指标是一个相对值，主成分分析法将各地区社会资本的均值设定为 0，每个地区的社会资本数值均表示高于或低于地区整体均值的程度。从表 5.2 可以看出，社会资本最丰富的地区，高于均值 1.146 个单位；而社会资本最贫瘠的地区，则低于均值 1.029 个单位；表明我国各省份间的社会资本差距比较明显。从企业层面控制变量的特征来看，企业年龄和规模的均值分别为 19.553 年和 19.562 个对数值单位，表明采取异地投资的上市公司的年龄和规模都比较大，一般而言，处于成熟期

和规模越大的企业，越有能力进行异地投资；虽然负债率接近整体平均值、现金流比率均值偏低，但个体差异较大，表明公司之间的实力悬殊。从地区层面控制变量的特征来看：被投资省份的教育水平相差较大，最小值为0.827，最大值为11.738；产业结构的均值为0.829，说明被投资地区产业结构较为均衡。

表5.2　　　　　　　　　　主要变量的描述性统计

变量	样本量	均值	标准差	最小值	最大值
Lci	164100	0.069	0.253	0	1
Lcinum	164100	0.106	0.556	0	29
Lciscale	164100	0.601	2.216	0	10.822
Soccap	164100	0.052	0.349	-1.029	1.146
Strusc	164100	5.375	2.145	1.527	11.552
Congsc	164100	36.487	50.281	2.7	218.9
Age	164100	19.553	5.764	6	34
Size	164100	19.562	6.308	6.040	26.688
Soe	164100	0.405	0.491	0	1
Debt	164100	0.477	0.203	0.050	0.901
Irre	164100	0.113	0.133	0	0.606
Cash	164100	0.066	0.084	-0.097	0.399
Salary	164100	15.210	1.926	12.731	21.427
Dis	164100	7.005	0.625	5.061	8.148
Edu	164100	4.103	3.915	0.827	11.738
Stru	164100	0.829	0.345	0.240	1.730
Indu	164100	0.413	0.084	0.180	0.569

第二节　影响效应检验

一、基准回归结果

表5.3是社会资本影响企业投资区位选择的基准回归结果，该表被解释变量 *Lci*、*Lcinum* 和 *Lciscale* 为企业是否在某地投资、企业在某地新建子公司

数量与企业在某地的投资规模，前三列未加入任何控制变量，也未控制年份与行业固定效应；后三列加入了控制变量，同时控制了年份与行业固定效应。表 5.3（a）给出了各地社会资本综合指标对企业是否在当地投资、企业在某地新建子公司数量与企业在某地的投资规模的影响；表 5.3（b）给出了结构型社会资本对企业是否在当地投资、企业在某地新建子公司数量与企业在某地的投资规模的影响；表 5.3（c）给出了认知型社会资本对企业是否在当地投资、企业在某地新建子公司数量与企业在某地的投资规模的影响。

表 5.3（a）　　　　基准回归结果——以社会资本综合指标为解释变量

变量	(1)	(2)	(3)	(4)	(5)	(6)
	Lci	*Lcinum*	*Lciscale*	*Lci*	*Lcinum*	*Lciscale*
Soccap	1.440 *** (58.199)	1.391 *** (59.044)	0.903 *** (45.282)	1.311 *** (38.431)	1.213 *** (38.049)	0.779 *** (33.928)
Age				0 (0.080)	0.001 (0.353)	0.001 (1.062)
Size				0.017 *** (3.871)	0.021 *** (4.991)	0.008 *** (4.027)
Soe				− 0.131 *** (− 5.937)	− 0.168 *** (− 7.995)	− 0.054 *** (− 4.686)
Debt				0.848 *** (14.987)	0.893 *** (16.716)	0.528 *** (18.105)
Cash				− 0.381 ** (− 2.956)	− 0.515 *** (− 4.146)	− 0.173 ** (− 2.795)
Irre				− 0.466 *** (− 4.467)	− 0.534 *** (− 5.298)	− 0.170 *** (− 3.721)
Salary				0.105 *** (9.840)	0.110 *** (10.739)	0.046 *** (9.626)
Dis				− 0.528 *** (− 35.046)	− 0.492 *** (− 35.391)	− 0.322 *** (− 31.259)
Stru				− 0.537 *** (− 6.794)	− 0.510 *** (− 6.626)	− 0.230 *** (− 6.507)
Edu				0.04 (1.438)	0.059 * (2.186)	− 0.078 *** (− 8.086)

续表

变量	(1)	(2)	(3)	(4)	(5)	(6)
	Lci	Lcinum	Lciscale	Lci	Lcinum	Lciscale
Indu				0.974 *** (3.945)	0.901 *** (3.804)	−0.027 (−0.219)
常数项	−2.773 *** (−254.709)	−2.643 *** (−242.686)	0.510 *** (104.746)	−1.294 *** (−5.643)	−1.722 *** (−7.917)	2.149 *** (18.133)
Year	No	No	No	Yes	Yes	Yes
Industry	No	No	No	Yes	Yes	Yes
调整 R^2	0.033	0.025	0.018	0.072	0.062	0.039
N	164100	164100	164100	164100	164100	164100

表 5.3（b） 基准回归结果——以结构型社会资本为解释变量

变量	(1)	(2)	(3)	(4)	(5)	(6)
	Lci	Lcinum	Lciscale	Lci	Lcinum	Lciscale
Strusc	0.090 *** (21.221)	0.089 *** (21.763)	0.051 *** (18.861)	0.090 *** (17.856)	0.084 *** (17.679)	0.048 *** (15.759)
Age				0 (0.162)	0.001 (0.469)	0.001 (1.410)
Size				0.017 *** (3.897)	0.020 *** (4.651)	0.008 *** (4.021)
Soe				−0.133 *** (−6.048)	−0.172 *** (−8.222)	−0.056 *** (−4.830)
Debt				0.838 *** (14.909)	0.890 *** (16.682)	0.529 *** (18.066)
Cash				−0.392 ** (−3.058)	−0.541 *** (−4.343)	−0.182 ** (−2.925)
Irre				−0.443 *** (−4.298)	−0.528 *** (−5.251)	−0.163 *** (−3.558)
Salary				0.101 *** (9.665)	0.109 *** (10.737)	0.046 *** (9.548)
Dis				−0.651 *** (−45.314)	−0.598 *** (−44.841)	−0.388 *** (−38.143)

续表

变量	(1)	(2)	(3)	(4)	(5)	(6)
	Lci	$Lcinum$	$Lciscale$	Lci	$Lcinum$	$Lciscale$
$Stru$				-0.775^{***} (-10.373)	-0.776^{***} (-10.667)	-0.324^{***} (-9.068)
Edu				0.252^{***} (9.554)	0.259^{***} (10.220)	0.035^{***} (3.684)
$Indu$				-0.883^{***} (-3.851)	-0.621^{**} (-2.809)	-0.877^{***} (-7.281)
常数项	-3.067^{***} (-120.596)	-2.929^{***} (-117.897)	0.305^{***} (21.603)	0.05 (0.225)	-0.579^{**} (-2.733)	2.713^{***} (22.973)
$Year$	No	No	No	Yes	Yes	Yes
$Industry$	No	No	No	Yes	Yes	Yes
调整 R^2	0.005	0.004	0.003	0.058	0.051	0.031
N	164100	164100	164100	164100	164100	164100

表 5.3（c）　　　　基准回归结果——以认知型社会资本为解释变量

变量	(1)	(2)	(3)	(4)	(5)	(6)
	Lci	$Lcinum$	$Lciscale$	Lci	$Lcinum$	$Lciscale$
$Congsc$	0.008^{***} (62.425)	0.008^{***} (62.869)	0.006^{***} (44.568)	0.008^{***} (39.067)	0.007^{***} (38.834)	0.005^{***} (36.018)
Age				0 (0.080)	0.001 (0.322)	0.001 (0.983)
$Size$				0.017^{***} (3.796)	0.021^{***} (4.941)	0.008^{***} (3.987)
Soe				-0.129^{***} (-5.824)	-0.163^{***} (-7.778)	-0.053^{***} (-4.584)
$Debt$				0.852^{***} (15.012)	0.888^{***} (16.583)	0.527^{***} (18.109)
$Cash$				-0.378^{**} (-2.920)	-0.503^{***} (-4.040)	-0.169^{**} (-2.721)
$Irre$				-0.470^{***} (-4.505)	-0.538^{***} (-5.330)	-0.171^{***} (-3.747)

续表

变量	(1) Lci	(2) Lcinum	(3) Lciscale	(4) Lci	(5) Lcinum	(6) Lciscale
Salary				0.105 *** (9.871)	0.110 *** (10.756)	0.046 *** (9.703)
Dis				−0.499 *** (−32.333)	−0.467 *** (−32.973)	−0.295 *** (−28.452)
Stru				−0.327 *** (−4.239)	−0.322 *** (−4.282)	−0.072 * (−2.042)
Edu				0.148 *** (5.920)	0.159 *** (6.561)	−0.008 (−0.845)
Indu				0.894 *** (3.639)	0.710 ** (3.027)	−0.093 (−0.755)
常数项	−2.987 *** (−236.953)	−2.842 *** (−223.939)	0.338 *** (57.470)	−2.370 *** (−9.776)	−2.631 *** (−11.505)	1.370 *** (11.163)
Year	No	No	No	Yes	Yes	Yes
Industry	No	No	No	Yes	Yes	Yes
调整 R^2	0.037	0.026	0.022	0.075	0.063	0.043
N	164100	164100	164100	164100	164100	164100

注：表中括号内为 t 值，*、** 和 *** 分别表示在 10%、5% 和 1% 的水平上显著，以下所有回归模型的显著性水平按此类标准，因此后文估计结果不再赘述。

由表 5.3 可知，在所有回归结果中，所关注的社会资本综合指标、结构型社会资本与认知型社会资本的影响系数均显著为正，表明在其他条件不变的情况下，各地区社会资本的存在确实能够影响企业投资倾向，并吸引企业到当地投资。从影响系数来看，社会资本综合指标的系数远高于结构型社会资本与认知型社会资本的影响系数，即增加一单位社会资本综合指数，将使外地企业在本地投资的概率增加 1.311 个单位，新建子公司的数量增加 1.213 个单位，投资规模也将增加 0.779 个单位；而结构型社会资本对应的影响系数分别为 0.090 个、0.084 个和 0.048 个单位；认知型社会资本对应的影响系数分别为 0.008 个、0.007 个和 0.005 个单位。

结构型社会资本是以社会组织和社会网络为载体和表现形式，能够使外地企业通过嵌入网络或社会组织进而融入当地社会环境，组织与网络内部的交流互动可以为其提供学习与模仿本地行为规范的路径，并提供其投资所需的资源与信息，从而帮助外地企业克服投资过程中的困难与阻碍；认知型社会资本主要体现为当地互信水平与道德规范约束程度，属于自律与他律范畴，能够通过约束合作对象与员工行为、减少机会主义行为等方式为外地企业提供投资保护，影响更为隐蔽，因而结构型社会资本对企业投资区位选择的影响明显高于认知型社会资本的影响。两者同属于社会资本，是社会资本不同的表现形式，但社会资本的表现形式不只是体现为社会组织、社会网络与社会信任等。那么被忽略或未被观察的表现形式也在发挥相似的作用，因此采用单一指标会低估社会资本的整体效应。

从控制变量的估计系数来看：企业规模的影响系数在不同模型中均显著为正，表明随着企业规模扩大，企业向外扩张或投资的概率越高；高管薪酬越高，越有利于促进企业向外扩张；现金持有和固定资产投资越多，越不利于企业投资，固定资产投资越多，企业可用于投资的资金可能就越少；现金持有是企业对外部环境不确定性的一种预防机制，当企业持有现金量越多时，可能对当地投资环境越悲观，因而会选择不投资。此外，若投资地区与企业所在地距离较远，长距离的投资损耗了过多的时间与资源成本，容易导致企业投资效率降低与风险的提高，因而随着距离的增加，企业向外投资的概率就越小；投资第二、第三产业比例越高，越不利于吸引企业投资。

二、稳健性检验

为验证基准回归结果的稳健性与可靠性，对社会资本与企业投资区位选择之间的关系进行了包括替换核心解释变量、更换模型与删减样本等一系列稳健性检验。

（一）替换解释变量

考虑到结构型与认知型社会资本仅代表社会资本部分功能，因而可能会导致估计结果存在片面性，为保证估计结果的客观性与稳健性，分别从这两个角度选取了用于稳健性检验的替代指标。

1. 结构型社会资本的替代指标。结构型社会资本强调的是个人或组织的联结程度，严成樑（2012）借鉴石濑和泽田（Ishise and Sawada，2009）的方法，并进行了一些改进。借鉴严成樑（2012）的做法，采用互联网普及率（*Internet*）作为结构型社会资本的替代指标。

2. 认知型社会资本的替代指标。采用张维迎和柯荣住（2002）通过调查系统得到的各省份信任指数，作为用于基准回归模型中认知型社会资本的代理变量。但张维迎和柯荣住（2002）的 CESS 信任指数不随时间变动，事实上信任水平会受到地区经济发展水平与法治环境建设的影响而呈现出一定的变化。为考虑信任指数变动的情况，参考钱先航等（2013）的做法，采用中国城市商业信用环境指数（CEI 指数）作为各地区信任水平的代理变量，该指标能够比较客观地反映地区内部市场交易环境的质量以及信用体系的运行效果，且该指数具有年份变化，因此将该指数作为认知型社会资本的替代指标。

由表 5.4 可知，以互联网普及率表示的结构型社会资本的影响系数，在以不同被解释变量表示的模型中，均显著为正；*CEI* 指数体现了认知型社会资本的动态变化特征，其在不同模型中的影响系数均在 1% 的水平上显著，且系数值明显高于不随时间变化的 CESS 的影响系数（0.008）。通过表 5.4 可知，在替换指标后，结构型与认知型社会资本对企业投资区位选择的影响依然显著为正，由此验证了不同维度社会资本影响效应的稳健性。

表 5.4　　　　替换结构型与认知型社会资本指标的稳健性检验

变量	(1)	(2)	(3)	(4)	(5)	(6)
	Lci	*Lcinum*	*Lciscale*	*Lci*	*Lcinum*	*Lciscale*
互联网普及率	0.034 *** (32.453)	0.031 *** (31.307)	0.019 *** (30.136)			
CEI 指数				0.047 *** (22.808)	0.044 *** (22.239)	0.031 *** (22.466)
控制变量	Yes	Yes	Yes	Yes	Yes	Yes
常数项	−2.258 *** (−9.436)	−2.571 *** (−11.285)	1.637 *** (13.303)	−4.305 *** (−13.996)	−4.590 *** (−15.438)	0.017 (0.103)
Year	Yes	Yes	Yes	Yes	Yes	Yes
Industry	Yes	Yes	Yes	Yes	Yes	Yes
调整 R^2	0.067	0.057	0.036	0.059	0.052	0.033
N	164100	164100	164100	164100	164100	164100

注：以上均控制企业、地区层面控制变量，以及年份和行业固定效应。

（二）更换模型

1. 赫克曼（Heckman）两阶段模型。

赫尔普曼等（Helpman et al.，2004）探讨了企业生产率与企业对外投资的关系，发现企业的生产率越高，企业对外投资的倾向性越强；反过来讲，选择对外投资的企业可能都是生产率较高的企业。对本书而言，企业是否投资以及在何处投资可能并非随机事件，而是生产率较高的上市公司的自我选择行为，因而研究样本可能存在样本选择偏差问题。与此同时，在收集数据时发现一些企业的投资过程是不连续，即有些年份投资为 0；有些年份甚至为负投资。为简化起见，在基准回归模型中直接删除了此类样本。然而，企业在某地投资为零或负，可能并不是偶然现象，而是依据被投资地区的经济与政策变化所做的投资决策，贸然删去或忽略，可能会造成有偏估计。

为避免样本选择偏差与有偏估计问题，参考其他学者的做法（佟家栋和刘竹青，2014），采用赫克曼（Heckman，1979）提出的两阶段模型进行估计。该模型将企业投资决策分为两个阶段，第一阶段是企业投资区位的选择；第二阶段是企业在投资地区投资多少的问题。本书研究的问题属于第一阶段，第二阶段的模型可以修正异常样本，因而能够有效估计社会资本与企业投资区位选择之间的关系。

赫克曼（Heckman）第一阶段模型采用 Probit 模型，估计企业投资区位选择会受到哪些因素影响。Probit 模型与本书采用的 Logit 模型的区别仅在于前者误差项服从标准正态分布，后者误差项服从标准 Logistic 分布，估计结果没有太大差异。赫克曼（Heckman）第二阶段的投资规模模型，在企业选定某地投资的基础上进一步观察投资规模会受哪些因素的影响。模式如下所示：

$$Pr(lci = 1) = \Phi\left(\sum_n a^n Z_{j(t-1)}^n\right) \tag{5.8}$$

$$lciscale_{ijt} = \sum_n a^n Z_{j(t-1)}^n + \beta \gamma_{ijt} + \varepsilon_{ijt} \tag{5.9}$$

其中，$lciscale_{ijt}$ 表示实际的投资规模。若 $lciscale_{ijt} > 0$，则 $lci_{ijt} = 1$；否则为 0。式（5.8）为赫克曼（Heckman）第一阶段投资选择模型，其中 $Pr(lci = 1)$ 表示企业对某省份投资大于零；$\Phi\left(\sum_n a^n Z_{j(t-1)}^n\right)$ 表示标准正态分布的概率分布函数。

Z 是影响企业投资的因素。式（5.9）为赫克曼（Heckman）第二阶段修正的投资规模模型，γ_{ijt} 为 Mills 逆（Inverse Mill's Ratio），源于第一阶段模型的估计，主要用来克服样本选择的偏差，计算公式为：

$$\gamma_{ijt} = \varphi \left(\sum_n a^n Z_{j(t-1)}^n / \Phi \left(\sum_n a^n Z_{j(t-1)}^n \right) \right) \tag{5.10}$$

其中，$\varphi(\cdot)$、$\Phi(\cdot)$ 分别表示标准正态分布的概率密度函数和概率分布函数。如果 γ_{ijt} 显著不为零，表明第一阶段模型存在样本自选择问题，进行第二阶段模型估计是有必要的，因而选用赫克曼（Heckman）选择模型也是合理的。

在此需要说明的是，式（5.8）和式（5.9）存在相关性，若分别进行估计检验，则可能会造成结果的偏差，因此应同时估计这两个方程。此外，在估计过程中，为避免共线性，需要式（5.8）中至少有一个控制变量不出现在式（5.9）中（Heckman，1979）。上市公司的高管薪酬与投资不可逆程度主要对企业是否向外投资，或在何处投资产生影响，但对企业投资规模的影响可能更为间接。因此在估计式（5.9）时，直接去掉这两个控制变量。估计结果如表5.5所示。

表5.5中投资规模方程的逆米尔斯比均在1%的水平上显著，表明存在一定程度的样本选择偏误问题，采用赫克曼（Heckman）选择模型对企业是否投资与投资规模同时进行估计是合理的。模型（1）~模型（6）中的社会资本综合指数、结构型社会资本、认知型社会资本的影响系数在1%的水平上显著为正，各地区社会资本总量和分维度指标对企业投资区位选择具有显著的正向效果，进一步验证了基准回归结果的稳健性。

表5.5　　　　　　　　赫克曼（Heckman）选择模型的估计结果

变量	(1)	(2)	(3)	(4)	(5)	(6)
	投资选择	投资规模	投资选择	投资规模	投资选择	投资规模
Soccap	1.311 *** (38.430)	0.132 ** (2.670)				
Strusc			0.092 *** (18.410)	0.008 * (2.180)		
Congsc					0.008 *** (39.070)	0.002 *** (5.530)

续表

变量	(1) 投资选择	(2) 投资规模	(3) 投资选择	(4) 投资规模	(5) 投资选择	(6) 投资规模
常数项	−1.294*** (−5.64)	3.163*** (24.660)	−0.0368 (−0.17)	3.131*** (28.640)	−2.370*** (−9.78)	2.970*** (19.990)
逆米尔斯比		−0.544*** (−14.92)		−0.473*** (−19.85)		−0.568*** (−15.66)
VIF 均值		9.22		9.79		9.41
控制变量	Yes	Yes	Yes	Yes	Yes	Yes
Year	Yes	Yes	Yes	Yes	Yes	Yes
Industry	Yes	Yes	Yes	Yes	Yes	Yes
调节 R^2	0.072	0.039	0.058	0.029	0.075	0.043
N	164100	164100	164100	164100	164100	164100

2. Relogit 模型。

根据样本分布规律，在164100个观测值中，仅有17360个为异地投资样本，属于小概率事件。金和曾（King and Zeng，2002）认为当二元被解释变量中1很少而0很多时，采用条件 Logit 模型估计可能会存在偏误，而 Relogit 模型比较适用于这类小概率事件的回归估计（杨艳和李盼盼，2018）。因此采用 Relogit 模型估计社会资本对企业投资区位选择的影响，即仅考虑企业在某地投资新建子公司数量的情况。

表5.6 的结果显示，结构型与认知型社会资本的系数在1%的水平上显著为正，与基准回归结果一致，表明基准回归结果不受小概率事件的影响。

表5.6　　　　　　　　　基于 Relogit 模型的估计结果

变量	(1) Lcinum	(2) Lcinum	(3) Lcinum	(4) Lcinum	(5) Lcinum	(6) Lcinum
Soccap	1.389*** (54.079)	1.266*** (37.651)				
Strusc			0.109*** (22.760)	0.092*** (18.414)		
Congsc					0.009*** (62.410)	0.008*** (39.249)

续表

变量	（1）Lcinum	（2）Lcinum	（3）Lcinum	（4）Lcinum	（5）Lcinum	（6）Lcinum
常数项	－ 3. 191 ***（－ 23. 880）	－ 1. 254 ***（－ 5. 503）	－ 3. 699 ***（－ 27. 613）	－ 0. 029（－ 0. 130）	－ 3. 764 ***（－ 27. 969）	－ 2. 386 ***（－ 9. 930）
控制变量	No	Yes	No	Yes	No	Yes
Year	Yes	Yes	Yes	Yes	Yes	Yes
Industy	Yes	Yes	Yes	Yes	Yes	Yes
N	164100	164100	164100	164100	164100	164100

（三）替换样本

将企业异地投资的区位选择对象界定为省、直辖市与自治区等行政单位。在单个企业选择某省份作为投资区位时，默认为其内部是均质的。事实上，同一省内不同城市间存在较大差异。若企业投资选择某个省，但其最终选址仍是要落地于省内某个城市，因此直接采用省级数据可能会忽视城市层面的特征差异。为避免因样本空间尺度过大以及样本内部差距过大带来的误差问题，在此对原始样本做进一步的深化：

首先，剔除内部差异差距过大的省份——陕西省、安徽省和江苏省。江苏省内部具体可划分为苏南和苏北：苏南、苏北地区之间不仅存在明显的经济差距，而且两地间的气候、饮食与文化方面也存在明显的不同；安徽省内部的皖南和皖北存在同样的问题，皖南更偏江南文化，皖北更偏向于河南的中原文化；陕西省地域狭长，气候差异较大，内部可划分为陕南、陕北与关中三大区域，其中陕南地理位置更靠近南方，与四川、重庆、湖北等地关系密切，陕北地处黄土高原，与山西、内蒙古、甘肃、宁夏等地接壤较多，风土人情也更为接近，关中属于渭河平原地带，气候宜人，更具陕西特色。将这三个内部差距较大省份去掉，观察社会资本对企业投资区位选择的作用是否受省内差距的影响。其次，再以这三个省的内部城市作为企业投资区位选择的对象，从城市角度观察社会资本对企业投资区位选择的作用效果。

1. 去掉陕西、安徽和江苏省份的样本。

表5.7的结果显示，在去掉内部差距较大的省份后，社会资本综合指数

对企业是否在某地投资、企业在某地新建子公司数与投资规模的影响系数有
不同程度的下降，认知型社会资本的影响在不同被解释变量间并无明显变化，
结构型社会资本对企业是否在某地投资、对企业新建子公司数与投资规模的
影响系数有所下降。表明省份内部的差距会在一定程度上干扰社会资本综合
指数与结构型社会资本的作用，扩大了其对企业是否在某地投资、企业在某
地新建子公司数以及投资规模的影响。

表 5.7　　　　　　　　　　去掉内部差距较大省份后的估计结果

变量	(1)	(2)	(3)	(4)	(5)	(6)	(7)	(8)	(9)
	Lci	*Lcinum*	*Lciscale*	*Lci*	*Lcinum*	*Lciscale*	*Lci*	*Lcinum*	*Lciscale*
Soccap	1.084 ***	0.999 ***	0.630 ***						
	(33.188)	(32.710)	(29.194)						
Strusc				0.041 ***	0.038 ***	0.016 ***			
				(6.911)	(6.574)	(5.478)			
Congsc							0.007 ***	0.006 ***	0.005 ***
							(32.935)	(32.651)	(30.536)
控制变量	控制	控制	控制	控制	控制	控制	控制	控制	控制
常数项	−1.254 ***	−1.668 ***	2.130 ***	0.366	−0.256	2.827 ***	−2.090 ***	−2.365 ***	1.478 ***
	(−5.080)	(−7.079)	(17.544)	(1.536)	(−1.121)	(23.429)	(−8.042)	(−9.596)	(11.764)
Year	Yes	Yes	Yes	Yes	Yes	Yes	Yes	Yes	Yes
Industry	Yes	Yes	Yes	Yes	Yes	Yes	Yes	Yes	Yes
调整 R^2	0.071	0.061	0.037	0.056	0.049	0.029	0.072	0.061	0.04
N	148379	148379	148379	148379	148379	148379	148379	148379	148379

2. 将陕西省、安徽省和江苏省内地级市作为企业投资区位选择的对象。

为避免省内不同城市间的特征差异，本书特选取内部经济发展、文化习
俗、气候环境差距较大的陕西省、安徽省和江苏省内的地级市作为企业投资
区位选择的对象。鉴于城市层面社会资本数据获得的局限性，本书使用《中
国城市商业信用环境指数》中的城市商业信任环境指数，作为城市层面社会
资本的代理指标。《中国城市商业信用环境指数》仅有 2010 年、2011 年、
2012 年、2015 年、2017 年和 2019 年的数据（2017 年安徽省各城市数据缺
失，因此，2017 年仅以陕西和江苏省为研究对象），最后共得到 9081 条 "年
份 – 企业 – 投资城市" 数据。

表 5.8 给出了城市层面社会资本对企业是否在当地投资、在当地新建子公司数与投资规模的影响。结果显示，在城市层面上，社会资本对企业投资区位选择三个指标的影响始终显著为正，这一点与基准回归模型估计结果一致，说明以省为投资区位选择对象，并不影响本书研究问题的有效性。

表 5.8　　　　　以陕西、安徽和江苏地级市为投资选择范围估计检验

变量	(1)	(2)	(3)	(4)	(5)	(6)
	Lci	Lci	Lcinum	Lcinum	Lciscale	Lciscale
CEI	0.140 *** (12.487)	0.115 *** (5.788)	0.093 *** (8.996)	0.081 *** (4.116)	0.095 *** (11.627)	0.064 *** (5.534)
控制变量	未控制	控制	未控制	控制	未控制	控制
常数项	− 12.288 *** (− 15.182)	− 13.318 *** (− 7.441)	− 8.607 *** (− 11.481)	− 10.798 *** (− 6.094)	− 5.969 *** (− 10.471)	− 6.031 *** (− 5.491)
Year	No	Yes	No	Yes	No	Yes
Industry	No	Yes	No	Yes	No	Yes
调整 R^2	0.034	0.091	0.011	0.053	0.019	0.069
N	9081	9081	9081	9081	9081	9081

通过以上更换结构型与认知型社会资本的替代指标、更换模型、替换样本等方式，对基准回归结果进行了稳健性检验，所得结果显示系数值的大小有所变动，但整体显著性没有变化。由此表明实证检验结果即社会资本能够影响企业投资区位选择的决策，吸引企业到社会资本水平较高地区投资的结果是稳健的。

三、内生性讨论

内生性问题的来源主要包括测量被解释变量与核心解释变量时存在误差、遗漏可能产生影响的变量以及被解释变量与解释变量之间存在逆向因果的关系。本书所使用的社会资本指标均是借鉴权威期刊或其他文献的度量方式，测度方法较为成熟；企业是否在某地设立子公司、设立几家子公司、投资规模也是比较明确的变量，因而测量误差均在可控范围之内；在基准回归模型中，已经控制了诸多可能影响社会资本与企业投资区位选择的因素，但仍然

可能遗漏某些重要影响因素。如果这些因素既影响企业投资区位选择，又影响社会资本，那么可能导致回归结果的不可靠。

为检验因为遗漏变量造成的内生性问题，借鉴纳恩和万切康（Nunn and Wantchekon，2011）的方法：假设有两个回归：一个回归使用少数控制变量（restricted model）；另一个回归放入所有控制变量（full model）。社会资本在上述两个模型的回归系数分别是 β_0^R 和 β_0^F，那么，统计量 $|\beta_0^F/(\beta_0^R-\beta_0^F)|$ 则反映了遗漏变量偏误有多严重，才会导致社会资本对企业投资区位选择的影响完全是由于遗漏变量偏误所导致。上述统计量的数值越大，说明遗漏变量偏误不足以改变回归系数的估计值，即遗漏变量问题越不严重（宋渊洋和赵嘉欣，2021）。

检验是否存在遗漏变量的步骤如下：（1）控制企业与地区层面的变量，也控制年份与行业固定效应；（2）不控制企业层面的变量，但控制其他变量；（3）不控制地区层面的变量，但控制其他变量；（4）不控制年份与行业变量，但控制其他变量。以上设定方法的回归系数和相应统计量如表5.9所示。

表5.9 遗漏变量导致的内生偏误估计

Lci	全模型	不控制企业变量		不控制地区变量		不控制年份行业		统计量均值
	回归系数	回归系数	统计量	回归系数	统计量	回归系数	统计量	
Soccap	1.311	1.300	119	1.533	6	1.309	656	260
Strusc	0.090	0.089	90	0.109	5	0.081	22	39
Cognsc	0.00761	0.00756	152	0.00869	7	0.00721	10	56
Lcinum	全模型	不控制企业变量		不控制地区变量		不控制年份行业		统计量均值
	回归系数	回归系数	统计量	回归系数	统计量	回归系数	统计量	
Soccap	1.213	1.209	303	1.446	5	1.224	110	109
Strusc	0.084	0.083	84	0.105	4	0.077	12	33
Cognsc	0.00697	0.00699	348	0.0081	6	0.0066	19	124
Lnscale	全模型	不控制企业变量		不控制地区变量		不控制年份行业		统计量均值
	回归系数	回归系数	统计量	回归系数	统计量	回归系数	统计量	
Soccap	0.779	0.780	779	0.780	779	0.732	17	525
Strusc	0.0478	0.0481	159	0.064	3	0.043	10	57
Cognsc	0.00546	0.00547	546	0.00633	6	0.00532	39	197

由表 5.9 可知，无论如何设定控制变量，社会资本综合指数、结构型社会资本与认知型社会资本回归系数的方向始终为正，且系数大小并无太大变化。具体来看，若社会资本综合指数对企业投资区位选择的影响完全由遗漏变量所致，那么遗漏变量的数量至少是模型中已有变量的 6 ~ 656 倍（平均值是 260 倍）；以此推论，结构型社会资本中遗漏变量的数量至少是模型中已有变量的 5 ~ 90 倍（平均值为 39 倍），认知型社会资本则为 7 ~ 152 倍（平均值为 56 倍）。考虑到本研究已在模型中放入了企业层面、地区层面和年份与行业层面变量，遗漏变量不可能有如此之多。因此，即使存在遗漏变量导致的偏误，也不至于从根本上改变研究结论。社会资本对企业异地新建子公司数与投资规模的影响同样不存在遗漏变量的问题，不再赘述。因此，社会资本影响企业投资区位选择的遗漏变量不足以引致内生性问题。

作为各类社会关系的集合体，大量企业在某地投资可以重构、完善与丰富当地的社会资本，因而企业投资区位选择可能与投资地的社会资本水平存在逆向因果的关系。为此，采用工具变量法做进一步检验，以避免逆向因果对研究结论的影响。参考其他文献的做法（盛丹和王永进，2010），以 1999 年各地市场化指数作为社会资本的工具变量。原因在于，各地市场化的发展程度与当地非正式制度因素密切相关，若当地社会关联网络比较丰富，则容易产生交易交换的需求；而人们之间的信任程度以及对市场规则与公平的维护，又是市场化经济得以发展的基础。因此，各地市场化水平会受到当地社会资本水平的影响，而 1999 年的市场化指数也难以与企业现阶段的投资区位选择产生直接联系，因此满足外生性要求。该数据来自樊纲等（2001）的报告数据。在此需要说明的是，由于社会资本综合指数包含了结构型与认知型，因而仅对社会资本综合指数采用工具变量法进行检验。

由表 5.10 可以看出，1999 年的市场化指数对社会资本综合指数的影响在 1% 的水平上显著为正，且第一阶段的 F 值远大于 10，表明工具变量与内生变量之间具有较强的相关性；而第二阶段的沃尔德检验结果也表明外生性的原假设是不成立的，即存在内生性问题。在使用工具变量以后，社会资本综合指数对企业投资区位选择与企业投资规模的影响系数明显增加，对企业新建异地子公司数的影响系数有所下降，但系数依然为正，仍在 1% 的水平上显著。

表 5.10 工具变量的检验结果

变量	Soccap	Lci	Lcinum	Lciscale
1999 年市场化指数	0. 102 *** (179. 960)			
Soccap		1. 718 *** (42. 600)	0. 343 *** (25. 900)	1. 663 *** (34. 400)
控制变量	控制	控制	控制	控制
Year	Yes	Yes	Yes	Yes
Industry	Yes	Yes	Yes	Yes
N	164100	164100	164100	164100
F 值	3182. 19			
调整 R^2	0. 3219		0. 0547	0. 0891
Wald Test		649. 08	671	1183. 06
P 值		0. 000	0. 000	0. 000

第三节 影响渠道检验

依据文献综述可知,影响企业投资区位选择的因素可划分为企业外部与内部两大类因素。社会资本作为投资地的区位条件,属于影响企业投资区位选择的外部因素,本书第三章从理论上探析了社会资本对企业投资区位选择的作用机理,并进一步分析了社会资本如何作用于其他外部因素对企业投资区位选择产生间接影响;本章从实证方面检验了社会资本对企业投资区位选择的影响效果,结果表明地区社会资本水平越高,越有利于吸引企业到当地投资,增加子公司数并扩大投资规模。本节则主要围绕社会资本的影响渠道进行检验,即通过构建中介效应模型(Baron and Kenny,1986;温忠麟和叶宝娟,2014)和调节效应模型,检验社会资本是否通过影响当地金融发展、集聚经济、政府治理以及调节经济政策不确定性的负面效应,对企业投资的区位选择发挥间接作用。

一、影响渠道检验 I：金融发展

（一）研究设计

理论分析表明，东道国（或投资地）的金融发展程度越高，当地金融市场规模越大、金融机构越多、资金流动性越强，企业融资的门槛越低，因而能够缓解外地投资企业的融资约束。因此，金融发展程度较高的东道国（或投资地）更容易受到外地企业投资的青睐；而金融行业作为契约密集型行业，又会受到当地社会资本水平的影响。因此，东道国或投资地的金融发展是社会资本影响企业投资区位选择的重要渠道。估计模型如下所示：

首先，检验社会资本是否影响了投资地的金融发展程度（financial development，FD）：

$$FD_{jt} = \alpha_0 + \alpha_1 Sc_{jt} + \alpha_2 X_{jt} + \varepsilon_{jt} \tag{5.11}$$

其次，检验当地金融发展是否会影响外地企业投资区位选择的倾向：

$$Lci_{ijt} = \beta_0 + \beta_1 FD_{jt} + \beta_2 X_{jt} + \beta_3 U_{it} + \eta_t + \varphi_i + \varepsilon_{ijt} \tag{5.12}$$

最后，将投资地金融发展与投资地社会资本同时加入模型，识别社会资本是否通过提升当地金融发展水平，影响了企业投资的区位选择：

$$Lci_{ijt} = \beta_0 + \beta_1 Sc_{jt} + \gamma FD_{jt} + \beta_2 X_{jt} + \beta_3 U_{it} + \eta_t + \varphi_i + \varepsilon_{ijt} \tag{5.13}$$

标准的中介效应模型第一步应检验社会资本对企业投资区位选择的影响，但第五章对此进行了全面的分析，故不再赘述，下同。为简化分析，在以上模型中，以 Sc_{jt} 代指不同类型的社会资本，以 Lci_{ijt} 代指企业投资区位选择的三个指标，以下模型均是如此。

借鉴刘冲等（2021）的做法，以地区每年累计银行分支数作为当地金融发展程度的代理变量。在此需要说明的是，社会资本与金融发展均是宏观层面的指标，因而，重新选定了社会资本可能金融发展的控制变量，包括产业高级化指数、工业结构、教育水平。

（二）实证结果

表 5.11（a）是社会资本通过金融发展影响企业投资区位选择的估计结

果。表 5.11（a）中第（1）~（3）列给出了地区社会资本综合指数、结构型社会资本与认知型社会资本对当地金融发展的影响；第（4）~（6）列分别给出了投资地金融发展对企业是否投资当地、企业设立异地子公司数和投资规模的影响。可以看出社会资本的三个指标均显著正向影响地区金融发展程度，表明地区社会资本越浓厚，越有利于促进本地金融市场的发展；后三列表示地区金融市场的发展对外地企业投资具有明显的吸引力，即地区金融市场发展程度越高，外地企业在当地投资倾向越强，在当地新建子公司数量越多，投资规模也越大。

表 5.11（a）　社会资本对金融发展以及金融发展对企业投资的回归结果

变量	(1)	(2)	(3)	(4)	(5)	(6)
	FD	*FD*	*FD*	*Lci*	*Lcinum*	*Lciscale*
Soccap	0.313 * (2.410)					
Strusc		0.121 ** (3.100)				
Congsc			0.005 *** (5.676)			
FD				0.519 *** (29.288)	0.528 *** (26.729)	0.178 *** (28.830)
常数项	3.509 *** (10.235)	5.021 *** (10.460)	2.746 *** (7.823)	−2.295 *** (−9.351)	−2.981 *** (−11.657)	1.948 *** (15.004)
调整 R^2	0.704	0.393	0.734	0.065	0.064	0.032
N	372	372	372	164100	164100	164100

表 5.11（b）以社会资本综合指数为核心解释变量，以企业投资区位选择的三个指标为被解释变量，第（1）、（3）和（5）列分别给出了社会资本综合指数对企业是否投资、企业新建子公司数与投资规模的影响；第（2）、（4）和（6）列表示加入地区金融发展程度以后，社会资本综合指数的影响结果。通过对比可以发现，在加入地区金融发展程度以后，社会资本综合指数的影响系数虽然仍在1%的水平上显著，但系数值明显降低；而金融发展程度指标始终在1%的水平上显著为正，表明地区金融发展在社会资本综合指数影响企业投资区位选择的过程中发挥了部分中介的作用。

表 5.11（b）　　　　以社会资本综合指数为核心解释变量的中介机制检验

变量	(1)	(2)	(3)	(4)	(5)	(6)
	Lci	*Lci*	*Lcinum*	*Lcinum*	*Lciscale*	*Lciscale*
Soccap	1.311 *** (38.431)	1.099 *** (32.368)	1.213 *** (38.049)	1.004 *** (27.051)	0.779 *** (33.928)	0.699 *** (30.699)
FD		0.416 *** (25.083)		0.427 *** (22.754)		0.138 *** (22.909)
常数项	− 1.294 *** (− 5.643)	− 3.161 *** (− 12.811)	− 1.722 *** (− 7.917)	− 3.617 *** (− 13.739)	2.149 *** (18.133)	1.509 *** (11.591)
调整 R^2	0.072	0.077	0.062	0.071	0.039	0.039
N	164100	164100	164100	164100	164100	164100

表 5.11（c）以结构型社会资本为核心解释变量，与表 5.11（b）的模型设置相同。第（1）、（3）和（5）列分别给出了结构型社会资本对企业是否投资、企业新建子公司数与投资规模的影响，与基准回归模型结果一致；第（2）、（4）和（6）列表示加入地区金融发展程度以后，结构型社会资本的影响结果。可以发现，在加入金融发展程度指标后，结构型社会资本与地区金融发展程度对企业异地投资指标的影响结果依然在 1% 的水平上显著为正，这表明地区金融发展程度在结构型社会资本影响企业异地投资规模的过程中发挥了部分中介的作用。

表 5.11（c）　　　　以结构型社会资本为核心解释变量的中介机制检验

变量	(1)	(2)	(3)	(4)	(5)	(6)
	lci	*lci*	*lcinum*	*lcinum*	*lciscale*	*lciscale*
strusc	0.090 *** (17.856)	0.095 *** (18.138)	0.084 *** (17.679)	0.084 *** (17.161)	0.048 *** (15.759)	0.048 *** (15.998)
FD		0.521 *** (29.491)		0.498 *** (29.562)		0.173 *** (28.752)
常数项	0.05 (0.225)	− 2.739 *** (− 10.936)	− 0.579 ** (− 2.733)	− 3.134 *** (− 13.388)	2.713 *** (22.973)	1.668 *** (12.927)
调整 R^2	0.058	0.071	0.051	0.062	0.031	0.035
N	164100	164100	164100	164100	164100	164100

表 5.11（d）以认知型社会资本为核心解释变量，与表 5.11（b）和表

5.11（c）的模型设置相同，第（2）、（4）和（6）列表示在加入金融发展程度后，认知型社会资本的影响结果。可以看出，在加入金融发展程度后，认知型社会资本对企业是否在当地投资、设立子公司数与投资规模的影响系数均有所下降，显著性没有发生变化。表明金融发展在认知型社会资本影响企业投资区位选择过程中发挥了部分中介的作用。

表5.11（d）　　　以认知型社会资本为核心解释变量的中介机制检验

变量	(1)	(2)	(3)	(4)	(5)	(6)
	Lci	Lci	Lcinum	Lcinum	Lciscale	Lciscale
Congsc	0.008 *** (39.067)	0.006 *** (31.470)	0.007 *** (38.834)	0.005 *** (23.836)	0.005 *** (36.018)	0.005 *** (31.528)
FD		0.337 *** (20.321)		0.355 *** (19.039)		0.075 *** (11.884)
常数项	−2.370 *** (−9.776)	−3.582 *** (−14.364)	−2.631 *** (−11.505)	−3.798 *** (−14.234)	1.370 *** (11.163)	1.099 *** (8.369)
调整 R^2	0.075	0.077	0.063	0.07	0.043	0.042
N	164100	164100	164100	164100	164100	164100

注：以上模型已控制企业与地区层面控制变量，也控制了年份与行业固定效应。以下模型均是如此，故不再赘述。

二、影响渠道检验Ⅱ：集聚经济

（一）研究设计

现有文献主要围绕集聚的三种形态进行研究，即马歇尔集聚经济，强调同质企业的汇集；雅各布斯集聚经济，强调异质企业的汇集；克鲁格曼集聚经济，没有强调企业的类别，关注的是地区内部企业汇集的条件。虽然这三种集聚经济的观点各有不同，但均强调近距离接触对企业生产所产生的正外部性。对于本书研究而言，集聚经济更多地体现为一地区经济总量与要素汇集程度，因而不对企业是否同一行业做进一步区分。为反映地区集聚经济的发展程度，本书借鉴西康尼和霍尔（Ciccone and Hall，1996）的密度概念，即采用单位面积上的 GDP 总量表示一地区经济的集聚程度（伍骏骞等，

2018）。在此，同样采用中介效应模型进行估计：

首先，检验社会资本是否影响当地经济集聚程度（agglomeration，AGG）：

$$AGG_{jt} = \alpha_0 + \alpha_1 Sc_{jt} + \alpha_2 X_{jt} + \varepsilon_{jt} \tag{5.14}$$

其次，检验当地经济集聚程度是否影响外地企业投资区位选择的倾向：

$$Lci_{ijt} = \beta_0 + \beta_1 AGG_{jt} + \beta_2 X_{jt} + \beta_3 U_{it} + \eta_t + \varphi_i + \varepsilon_{ijt} \tag{5.15}$$

最后，将经济集聚程度与社会资本同时加入模型，识别社会资本是否通过提升地区经济集聚程度，进而影响了企业投资的区位选择。

$$Lci_{ijt} = \beta_0 + \beta_1 Sc_{jt} + \gamma AGG + \beta_2 X_{jt} + \beta_3 U_{it} + \eta_t + \varphi_i + \varepsilon_{ijt} \tag{5.16}$$

（二）实证结果

表5.12（a）给出了社会资本综合指数、结构型社会资本与认知型社会资本对地区集聚经济的影响，以及地区集聚经济对企业是否在当地投资、企业在当地建立子公司数与企业在当地的投资规模的影响。表中第（1）～（3）列的结果显示，社会资本综合指数、结构型社会资本与认知型社会资本均能够显著促进地区集聚经济的发展，其中社会资本综合指数的影响最大；结构型社会资本次之；认知型社会资本的影响最小。第（4）～（6）列的结果显示，地区集聚经济能够显著吸引企业在本地投资、促使企业在当地建立更多的子公司并扩大投资规模。

表5.12（b）表示在以社会资本综合指数为核心解释变量的模型中，集聚经济对企业是否在当地投资、在当地新建子公司数以及投资规模的中介效应回归结果。第（1）、（3）与（5）列给出了社会资本综合指数对企业投资区位选择的影响；第（2）、（4）与（6）列给出了加入地区集聚经济指标后，社会资本综合指数的影响结果。可以看出，在加入地区集聚经济指标后，社会资本综合指数对企业是否在当地投资、企业在当地投资新建子公司数与投资规模的影响系数均呈现明显下降，即从原来的1.311、1.213、0.779下降至0.623、0.584和0.521，显著性没有发生变化，而集聚经济在各个模型中均显著为正。表明集聚经济在社会资本综合指数影响企业投资区位选择的过程中发挥了部分中介的作用。

表5.12（c）给出了在以结构型社会资本为核心解释变量的模型中，集聚经济对企业是否在当地投资、在当地新建子公司数以及投资规模的中介效应回归结果。与表5.12（b）的模型设置相同，可以看出，在第（2）、（4）与（6）列加入地区集聚经济指标后，结构型社会资本对企业是否在当地投资、企业在当地投资新建子公司数与投资规模的影响系数均呈现明显下降，即从原来的0.090、0.084、0.048下降至0.074、0.064和0.040，显著性没有发生变化，而集聚经济在各个模型中均显著为正。表明集聚经济在结构型社会资本影响企业投资区位选择的过程中发挥了部分中介的作用。

表5.12（d）给出了在以认知型社会资本为核心解释变量的模型中，集聚经济对企业是否在当地投资、在当地新建子公司数以及投资规模的中介效应回归结果。通过对比观察可以发现，在第（2）、（4）与（6）列在加入地区集聚经济后，集聚经济的影响始终在1%的水平上显著为正。而认知型社会资本对企业是否在当地投资、新建子公司数的影响系数均有所下降，即从原来的0.008、0.007下降至0.004、0.004，显著性没有发生变化。表明地区集聚经济在认知型社会资本影响企业投资区位选择的过程中也发挥了部分中介的作用。

表5.12（a）   社会资本对集聚经济以及集聚经济对企业投资的回归结果

变量	(1)	(2)	(3)	(4)	(5)	(6)
	AGG	AGG	AGG	lci	lcinum	lciscale
Soccap	3.683 *** (13.806)					
Strusc		0.148 * (2.314)				
Congsc			0.025 *** (20.457)			
AGG				0.296 *** (38.202)	0.283 *** (31.304)	0.134 *** (36.760)
常数项	5.267 *** (9.110)	5.472 *** (6.386)	2.492 *** (3.959)	− 3.943 *** (− 15.681)	− 4.364 *** (− 16.217)	0.976 *** (7.299)
调整 R^2	0.409	0.106	0.55	0.072	0.067	0.036
N	372	372	372	164100	164100	164100

表 5.12（b）　　　以社会资本综合指数为核心解释变量的中介机制检验

变量	(1)	(2)	(3)	(4)	(5)	(6)
	lci	lci	lcinum	lcinum	lciscale	lciscale
Soccap	1.311 ***	0.623 ***	1.213 ***	0.584 ***	0.779 ***	0.521 ***
	(38.431)	(13.257)	(38.049)	(11.044)	(33.928)	(21.148)
AGG		0.200 ***		0.200 ***		0.080 ***
		(20.055)		(16.885)		(21.571)
常数项	−1.294 ***	−3.406 ***	−1.722 ***	−3.839 ***	2.149 ***	1.282 ***
	(−5.643)	(−13.488)	(−7.917)	(−14.213)	(18.133)	(9.627)
调整 R^2	0.072	0.074	0.062	0.068	0.039	0.039
N	164100	164100	164100	164100	164100	164100

表 5.12（c）　　　以结构型社会资本为核心解释变量的中介机制检验

变量	(1)	(2)	(3)	(4)	(5)	(6)
	Lci	Lci	Lcinum	Lcinum	Lciscale	Lciscale
Strusc	0.090 ***	0.074 ***	0.084 ***	0.064 ***	0.048 ***	0.040 ***
	(17.856)	(14.246)	(17.679)	(11.058)	(15.759)	(12.908)
AGG		0.285 ***		0.269 ***		0.128 ***
		(37.600)		(30.139)		(35.756)
常数项	0.050	−4.093 ***	−0.579 **	−4.489 ***	2.713 ***	0.869 ***
	(0.225)	(−16.296)	(−2.733)	(−16.748)	(22.973)	(6.468)
调整 R^2	0.058	0.074	0.051	0.068	0.031	0.037
N	164100	164100	164100	164100	164100	164100

表 5.12（d）　　　以认知型社会资本为核心解释变量的中介机制检验

变量	(1)	(2)	(3)	(4)	(5)	(6)
	Lci	Lci	Lcinum	Lcinum	Lciscale	Lciscale
Congsc	0.008 ***	0.004 ***	0.007 ***	0.004 ***	0.005 ***	0.005 ***
	(39.067)	(14.145)	(38.834)	(10.421)	(36.018)	(24.866)
AGG		0.161 ***		0.174 ***		0.034 ***
		(14.296)		(12.930)		(8.065)
常数项	−2.370 ***	−3.601 ***	−2.631 ***	−3.976 ***	1.370 ***	1.116 ***
	(−9.776)	(−14.317)	(−11.505)	(−14.887)	(11.163)	(8.392)
调整 R^2	0.075	0.074	0.063	0.068	0.043	0.042
N	164100	164100	164100	164100	164100	164100

三、影响渠道检验Ⅲ：政府治理

（一）研究设计

结合理论分析可知，社会资本通过增强地区社会信任，加强不同政府部门间的合作，提高政府的工作效率；通过补洞功能搭建政府与社会沟通的桥梁，传达企业和居民的诉求，提高政府服务的精准性；通过提高民众对政府政策的信任水平，减少施政成本，提高服务质量与社会运行效率。而政府治理水平的提升，一方面会降低外地企业投资的等待成本，降低企业投资的风险与不确定性；另一方通过营造与维护公平公正的市场环境，增强外地企业投资的信心，进而提高本地对外地企业的吸引力。因此，政府治理是社会资本影响企业投资区位选择的又一渠道。依然采用中介效应模型：

首先，检验社会资本是否提高了投资地政府治理水平（government governance，GG）：

$$GG_{jt} = \alpha_0 + \alpha_1 Sc_{jt} + \alpha_2 X_{jt} + \varepsilon_{jt} \qquad (5.17)$$

其次，检验投资地政府治理是否影响外地企业投资本地的倾向：

$$Lci_{ijt} = \beta_0 + \beta_1 GG_{jt} + \beta_2 X_{jt} + \beta_3 U_{it} + \eta_t + \varphi_i + \varepsilon_{ijt} \qquad (5.18)$$

最后，将政府治理与社会资本同时加入模型，识别社会资本是否通过提升投资地政府治理水平，影响了企业投资的区位选择。

$$Lci_{ijt} = \beta_0 + \beta_1 Sc_{jt} + \gamma GG_{jt} + \beta_2 X_{jt} + \beta_3 U_{it} + \eta_t + \varphi_i + \varepsilon_{ijt} \qquad (5.19)$$

目前，地方政府治理能力尚未形成统一的标准。借鉴储德银等（2021）和张梁梁等（2018）的经验研究，从政府绩效、法治建设、腐败控制和监管质量四个维度选取指标构建政府治理能力指标体系，并通过主成分分析进行估计，得到各地方政府治理能力指数。其中，政府绩效采用政府相对规模和行政效率进行度量，政府相对规模以公共管理、社会保障和社会组织就业人数与总人口的比值表示，为负向指标；行政效率以 1 万元财政收入供养的公职人员数表示；法治建设采用平均每万人拥有的律师人数表示；腐败控制采用各地区职务犯罪数与公共管理、社会保障和社会组织就业人数的比值表示；

监管质量选用环境监管与公共安全监管两个指标，环境监管采用各地区工业治理投资金额（取对数）表示，公共安全监管采用交通事故伤亡数与发生数的比值表示，为负向指标。因部分年份和省份数据缺失，在剔除缺失值后，仅对剩余的159931条数据进行实证估计。律师人数来源于《中国社会统计年鉴》。

（二）实证结果

表5.13（a）给出了社会资本综合指数、结构型社会资本与认知型社会资本对地方政府治理水平以及地方政府治理水平对企业是否在当地投资、企业在当地建立子公司数与企业在当地的投资规模的影响。第（1）~（3）列的结果显示，社会资本综合指数、结构型社会资本与认知型社会资本均能够促进地方政府治理水平的提升，其中社会资本综合指数的影响最大；结构型社会资本次之；认知型社会资本的影响最小，均在1%的水平上显著。第（4）~（6）列的结果显示，地方政府治理水平对企业投资区位选择的三个指标的影响系数分别为1.059、1.018与0.453，在1%的水平上显著，表明地方政府治理能力的提升有利于外地企业在当地投资、有利于企业在当地建立更多的子公司并扩大投资规模。

表5.13（b）给出了以社会资本综合指数为核心解释变量的模型中，政府治理对企业是否在当地投资、在当地新建子公司数与投资规模的影响。第（1）、（3）与（5）列给出了社会资本综合指数对企业投资区位选择的影响效果；第（2）、（4）与（6）列给出了加入地方政府治理指标后，社会资本综合指数的影响结果。可以看出，在加入地区政府治理指标后，社会资本综合指数对企业是否在当地投资、企业在当地投资新建子公司数与投资规模的影响系数均呈现明显下降，即从原来的1.311、1.213与0.779下降至0.780、0.737与0.600，显著性没有发生变化，而地方政府治理指标在各个模型中均显著为正。表明地方政府治理指标在社会资本综合指数影响企业投资区位选择的过程中发挥了部分中介的作用。

表5.13（c）和表5.13（d）分别以结构型社会资本和认知型社会资本为核心解释变量，模型设置与表5.13（b）相同。通过观察表5.13（c）和表5.13（d）的第（2）、（4）与（6）列，可以看出在加入地方政府治理指标

后，结构型社会资本与认知型社会资本对企业是否在当地投资、企业在当地投资新建子公司数与投资规模的影响系数均呈现明显下降。结构型社会资本的影响系数从原来的 0.090、0.084 与 0.048 下降至 0.059、0.058 与 0.036，显著性没有发生变化；认知型社会资本对企业是否在当地投资、在当地新建子公司数的影响系数从原来的 0.008 与 0.007 变为 0.005 与 0.005，显著性也没有发生变化；地方政府治理指标在各个模型中均显著为正。由此表明地方政府治理指标在结构型与认知型社会资本影响企业投资区位选择的过程中均发挥了部分中介的作用。

表 5.13（a）　　　社会资本对政府治理以及政府治理对企业投资的回归结果

变量	(1)	(2)	(3)	(4)	(5)	(6)
	GG	GG	GG	Lci	Lcinum	Lciscale
Soccap	0.819 *** (12.855)					
Strusc		0.035 * (2.415)				
Congsc			0.005 *** (19.870)			
GG				1.059 *** (35.067)	1.018 *** (29.373)	0.453 *** (31.212)
常数项	−1.169 *** (−6.722)	−1.098 *** (−5.168)	−1.729 *** (−8.606)	(0.286) (−1.273)	−0.870 *** (−3.672)	2.847 *** (23.536)
调整 R^2	0.54	0.327	0.559	0.067	0.064	0.034
N	362	362	362	159931	159931	159931

表 5.13（b）　　　以社会资本综合指数为核心解释变量的中介机制检验

变量	(1)	(2)	(3)	(4)	(5)	(6)
	Lci	Lci	Lcinum	Lcinum	Lciscale	Lciscale
Soccap	1.311 *** (38.431)	0.780 *** (17.902)	1.213 *** (38.049)	0.737 *** (14.829)	0.779 *** (33.928)	0.600 *** (24.071)
GG		0.607 *** (16.438)		0.603 *** (13.809)		0.207 *** (13.814)

续表

变量	(1)	(2)	(3)	(4)	(5)	(6)
	Lci	*Lci*	*Lcinum*	*Lcinum*	*Lciscale*	*Lciscale*
常数项	-1.294 ***	-1.068 ***	-1.722 ***	-1.506 ***	2.149 ***	2.343 ***
	(-5.643)	(-4.612)	(-7.917)	(-6.103)	(18.133)	(19.215)
调整 R^2	0.072	0.071	0.062	0.066	0.039	0.038
N	164100	159931	164100	159931	164100	159931

表 5.13（c） 以结构型社会资本为核心解释变量的中介机制检验

变量	(1)	(2)	(3)	(4)	(5)	(6)
	Lci	*Lci*	*Lcinum*	*Lcinum*	*Lciscale*	*Lciscale*
Strusc	0.090 ***	0.059 ***	0.084 ***	0.058 ***	0.048 ***	0.036 ***
	(17.856)	(10.871)	(17.679)	(9.617)	(15.759)	(10.967)
GG		0.998 ***		0.957 ***		0.426 ***
		(33.485)		(27.710)		(29.566)
常数项	0.050	-0.463 *	-0.579 **	-1.105 ***	2.713 ***	2.717 ***
	(0.225)	(-2.062)	(-2.733)	(-4.669)	(22.973)	(22.400)
调整 R^2	0.058	0.069	0.051	0.065	0.031	0.035
N	164100	159931	164100	159931	164100	159931

表 5.13（d） 以认知型社会资本为核心解释变量的中介机制检验

变量	(1)	(2)	(3)	(4)	(5)	(6)
	Lci	*Lci*	*Lcinum*	*Lcinum*	*Lciscale*	*Lciscale*
Congsc	0.008 ***	0.005 ***	0.007 ***	0.005 ***	0.005 ***	0.005 ***
	(39.067)	(19.865)	(38.834)	(15.280)	(36.018)	(29.421)
GG		0.449 ***		0.488 ***		0.110 ***
		(11.547)		(10.692)		(7.671)
常数项	-2.370 ***	-1.906 ***	-2.631 ***	-2.114 ***	1.370 ***	1.527 ***
	(-9.776)	(-7.706)	(-11.505)	(-7.921)	(11.163)	(12.062)
调整 R^2	0.075	0.072	0.063	0.067	0.043	0.041
N	164100	159931	164100	159931	164100	159931

四、影响渠道检验Ⅳ：经济政策不确定性

（一）研究设计

基于理论分析可知，经济政策不确定性是政府为解决经济问题与保障本地经济平稳运行而频繁颁布经济政策所造成的负面影响，容易造成本地投资环境的变动与复杂性。地区经济政策不确定性程度越高，越不利于吸引外地企业投资。而社会资本的组织性、规范性与网络性能够通过多种方式缓解经济政策不确定性带来的负面影响。不同于以上影响渠道，社会资本主要通过弱化经济政策不确定性带来的负面效应，间接地影响了企业投资的区位选择，故采用调节效应模型进行估计。将经济政策不确定性指数与其和社会资本的交互项放入基准回归模型，如下所示：

$$Lci_{ijt} = \beta_0 + \beta_1 Sc_{jt} + \beta_2 UNC + \beta_3 UNC * Sc_{jt} + \beta_2 X_{jt} + \beta_3 U_{it} + \eta_t + \varphi_i + \varepsilon_{ijt}$$

$$(5.20)$$

控制变量与基准回归模型相同。参照靳光辉等（2016）的研究，采用每年每省规模以上工业企业研发费用占该省当年 GDP 的比重，取其倒数后标准化的结果，作为各地区经济政策不确定性的代理指标。

（二）实证结果

表 5.14 中第（1）~（3）列反映了经济政策不确定性对企业是否在某地投资、企业在当地建立子公司数与企业在当地的投资规模的影响，与预期一致，经济政策不确定性的影响系数在 1% 的水平上显著为负。其中经济政策不确定性每增加一个单位，将使企业在当地投资的倾向减少 0.491 个单位，企业后续新建子公司数与投资规模也将减少 0.429 个单位和 0.190 个单位；第（4）~（6）列考察了经济政策不确定性、社会资本综合指数以及两者的交互项对企业是否在当地投资、在当地新建子公司数与投资规模的影响。可以看出，社会资本综合指数与经济政策不确定性的交互项对企业决定在当地投资、当地投资新建子公司数与投资规模的影响系数均为负，但仅有对企业在当地投资、投资规模的影响系数显著，对企业在当地投资新建子公司数的影响系数不显著，

表明较高的社会资本综合指数会弱化经济政策不确定性对企业决定在当地投资概率的负面影响，当企业决定在当地投资后，也会降低经济政策不确定性对企业投资规模的负面影响。

表 5.14　　　　　社会资本对经济政策不确定性的调节效应检验

变量	(1)	(2)	(3)	(4)	(5)	(6)
	Lci	$Lcinum$	$Lciscale$	Lci	$Lcinum$	$Lciscale$
Uncertain	-0.491 *** (-24.730)	-0.429 *** (-19.919)	-0.190 *** (-26.873)			
Soccap				1.276 *** (35.150)	1.256 *** (31.330)	0.570 *** (22.842)
Uncertain				-1.681 *** (-3.590)	-1.312 *** (-2.260)	-0.111 *** (-13.872)
Soccap * Uncertain				-3.542 * (2.540)	-1.481 (-0.920)	-0.244 *** (-8.814)
常数项	2.026 *** (8.809)	1.111 *** (4.601)	3.543 *** (29.659)	-1.148 *** (-5.040)	-1.637 *** (-6.690)	2.123 *** (17.413)
Control	Yes	Yes	Yes	Yes	Yes	Yes
Year/Industry	Yes	Yes	Yes	Yes	Yes	Yes
调整 R^2	0.063	0.061	0.032	0.069	0.066	0.038
N	164100	164100	164100	164100	164100	164100
变量	(7)	(8)	(9)	(10)	(11)	(12)
	Lci	$Lcinum$	$Lciscale$	Lci	$Lcinum$	$Lciscale$
Uncertain	-0.470 *** (-24.855)	-0.409 *** (-19.420)	-0.213 *** (-27.212)	-0.132 *** (-5.744)	-0.148 *** (-6.146)	-0.062 *** (-5.253)
strusc	0.032 *** (5.646)	0.038 *** (5.536)	0.030 *** (9.820)			
Strusc * Uncertain	-0.068 *** (-11.625)	-0.057 *** (-8.267)	-0.049 *** (-17.269)			
Congsc				0.007 *** (15.773)	0.006 *** (12.328)	0.004 *** (14.957)
Congsc * Uncertain				0.001 (1.599)	-0.001 (-1.047)	-0.002 *** (-4.310)

变量	(7)	(8)	(9)	(10)	(11)	(12)
	Lci	Lcinum	Lciscale	Lci	Lcinum	Lciscale
常数项	−0.315 (−1.401)	−0.925 *** (−3.909)	2.635 *** (21.769)	−2.050 *** (−8.500)	−2.194 *** (−8.532)	1.641 *** (13.333)
Control	Yes	Yes	Yes	Yes	Yes	Yes
Year/Industry	Yes	Yes	Yes	Yes	Yes	Yes
调整 R^2	0.066	0.063	0.035	0.073	0.067	0.042
N	164100	164100	164100	164100	164100	164100

第（7）~（9）列是结构型社会资本为核心解释变量的模型，可以看出结构型社会资本与经济政策不确定性指数的交互项系数在企业是否投资、新建子公司数与投资规模中均显著为负，表明结构型社会资本能够弱化地区经济政策不确定性对企业投资区位选择的负面影响；第（10）~（12）列显示，认知型社会资本与经济政策不确定性指数的交互项系数仅在以企业投资规模为被解释变量的模型中显著为负，表明当企业决定在当地投资后，认知型社会资本可以弱化经济政策不确定性对企业投资规模的负面影响，鼓励企业在当地扩大投资规模。

第四节　本章小结

本章通过实证模型检验了社会资本对企业投资区位选择的影响。结果显示，地区社会资本综合指数、结构型社会资本与认知型社会资本均对企业是否在当地投资、在当地新建子公司数与子公司注册资本总额表示的投资规模有显著的正向影响，即一地区社会资本水平越高，越能吸引外地企业到当地投资，促使企业在当地建立更多的子公司，并带来较大的投资规模。经过替换结构型与认知型社会资本指标变量、改变估计模型、删减与替换样本以及工具变量法等一系列稳健性检验，充分验证了基准回归结果的稳健性与可靠性。

此外，通过中介效应模型和调节效应模型对社会资本影响企业投资区位选择的渠道进行了检验。结果显示：地区金融发展、集聚经济与地方政府治理在社会资本综合指数、结构型与认知型社会资本影响企业投资区位选择的过程中均发挥了部分中介作用；此外，社会资本综合指数、结构型社会资本与认知型社会资本均能弱化经济政策不确定性的负面影响。以上结果表明，社会资本可以通过地区金融发展、集聚经济、地方政府治理与经济政策不确定性等渠道影响企业投资的区位选择。

第六章　社会资本影响企业投资区位选择的异质性分析

　　第三章与第五章分别从理论分析与实证研究两方面探索了社会资本对企业投资区位选择的作用机理与影响渠道。结果显示，社会资本较高的地区能够通过多种方式吸引外地企业到当地投资，而且结构型社会资本对企业投资区位选择的影响明显大于认知型社会资本的影响。由此可以看出，社会资本对企业投资区位选择的作用，会随着社会资本类型的不同而产生差异化的效果。事实上，除了社会资本的不同类型会产生异质性影响，各地区区位条件差异与企业个体差异，同样会影响社会资本的作用效果。如果忽视这些差异，可能会导致本书研究结论适用的盲目性。为此，本章进一步从地区异质性与企业异质性两方面探索社会资本对企业投资区位选择的可能影响。

　　由第五章研究结论可知，结构型与认知型社会资本的作用虽不及社会资本综合指数的作用，但其作用方向与显著性水平均呈现一致的状态。考虑到结构型与认知型社会资本代表了社会资本不同的功能，更能体现社会资本影响企业投资区位选择的作用路径；与此同时，企业在某地设立子公司数与在当地的投资规模均属于企业是否在某地投资的后续延伸情况，为简化分析，主要考察结构型与认知型社会资本对企业投资区位选择（是否在某地投资）的影响，是否会随着地区区位条件与企业个体间的不同而产生差异化的影响。

第一节　地区异质性分析

　　众所周知，我国各地区之间的资源禀赋、地理位置、气候条件、文化传统、历史积淀以及经济发展程度均存在较大的差异，这些差异可能会影响社会资本对企业投资区位选择的作用效果。冀相豹（2014）研究发现，不同国家制度因素对我国企业对外投资区位选择的影响具有截然相反的效应，经济较发达地区吸引我国企业投资；经济较落后地区则会抑制我国企业投资。段鑫等（2021）研究发现，社会资本对不同地区经济高质量发展的影响同样具有差异性：对东部和东北地区是促进作用；但对中部和西部地区却是抑制作用。为考察地区异质性的影响，本节将各地区按照经济发展水平、城镇化率、市场化水平是否高于均值进行分组（周瑾等，2018），同时也按照纯粹的地理区位进行分组，分为东中西部与南北地区，进行对比检验。

一、经济发展水平的异质性

以地区 GDP 总值与地区总人口的比值（即人均 GDP）来表示各地区的经济发展状况，按照均值将样本分为经济发展程度较高与经济发展程度较低的两组，进行对比检验。估计结果如表 6.1 所示。

表 6.1　　　　　不同经济发展水平下社会资本的影响效果

变量	(1)	(2)	(3)	(4)
	经济发展程度较高		经济发展程度较低	
Strusc	0.143 *** (19.760)		-0.030 *** (-3.910)	
Congsc		0.008 *** (27.689)		0.013 *** (19.022)
常数项	-0.693 * (-2.338)	-2.852 *** (-8.618)	-1.482 *** (-3.692)	-2.234 *** (-5.486)
Control	Yes	Yes	Yes	Yes
Year	Yes	Yes	Yes	Yes
Industry	Yes	Yes	Yes	Yes
调整 R^2	0.061	0.07	0.055	0.062
N	58185	58185	105915	105915

由表 6.1 可知，对于投向经济发展程度较高或经济发展程度较低地区的企业样本，认知型社会资本对企业投资区位选择的影响依然在 1% 的水平上显著为正；相对于经济发展程度较高地区，认知型社会资本对投向经济发展程度较低地区企业的影响系数更大一些。不同于认知型社会资本在两组样本中均显著为正，结构型社会资本在两组样本中呈现出明显的分化作用：在经济发展程度较高地区，对企业投资区位选择的影响系数在 1% 的水平上显著为正，系数值为 0.143，高于整体样本中的 0.090；在经济发展程度较低地区，对企业投资区位选择的影响系数在 1% 的水平上显著，但系数值却为 −0.030，表明在经济发展较落后的地区，结构型社会资本不仅没能吸引企业投资，反而抑制了外地企业在当地投资的倾向。这不难理解，结构型社会资本表示承载人与人之间关联网络的社会组织，在经济发展较落后的地区，人们倾向于抱团生存，结构型社会资本的功能主要体现为保障功能，而不是激发经济增长的资源配置与信息传递功能；与此同时，不同社会组织间联系并不紧密，又具有小集团特征，容易导致对内与对外开放不足。在此情况下，外地企业会避开社会资本水平较高但经济发展较落后的地区。

二、城镇化率的异质性

仿照经济发展状况的分组方法，将被投资地区按照城镇化率的均值进行分组，分为城镇化率较高与城镇化率较低的两组，进行对比检验。估计结果如表 6.2 所示。

表 6.2　　　　　　　　　　不同城镇化率下社会资本的影响效果

变量	(1)	(2)	(3)	(4)
	城镇化率较高		城镇化率较低	
Strusc	0.133 *** (19.529)		− 0.065 *** (− 7.132)	
Congsc		0.008 *** (32.180)		0.011 *** (11.475)
常数项	− 0.271 (− 0.997)	− 2.849 *** (− 9.398)	− 0.589 (− 1.304)	− 1.224 ** (− 2.718)

续表

变量	(1)	(2)	(3)	(4)
	城镇化率较高		城镇化率较低	
Control	Yes	Yes	Yes	Yes
Year	Yes	Yes	Yes	Yes
Industry	Yes	Yes	Yes	Yes
调整 R^2	0.064	0.08	0.058	0.06
N	78695	78695	85405	85405

表 6.2 的估计结果与表 6.1 类似,认知型社会资本对企业投资区位选择的影响在城镇化率不同的地区不存在明显的异质性,对投向城镇化率较低地区的企业投资区位选择的影响略强一些;结构型社会资本对企业投资区位选择的影响程度在城镇化率较高的地区更为明显,影响系数为 0.133;但其在城镇化率较低的地区却表现出明显的抑制作用,影响系数为 -0.065;该结论均在 1% 的水平上显著。

我国是一个传统的乡土大国,城镇化水平的提高也是近几十年才显现出的社会现象。在城镇化率较低的地区,宗族网络等传统结构型社会资本仍比较盛行,但这种类型的社会资本具有明显的差序格局特征,封闭性较强,信任半径较短,因而难以吸引外地企业投资;城镇化率较高的地区则与之相反,传统的宗族网络力量随着大量农民进城务工已经开始消逝,在城市内部则逐渐兴起信任半径较长的新型结构型社会资本,如工会、兴趣组织等,其在信息传递与产权保护等方面能发挥较大的作用,会对外地企业形成较大的吸引力。因此,结构型社会资本在城镇化率不同的地区具有不同的作用。

三、市场化水平的异质性

仿照前两组的分类方法,依据被投资地区市场化水平的均值,将高于均值的地区划为一组,将低于均值的地区划为一组,进行对比检验,结果如表 6.3 所示。

表 6.3 不同市场化水平下社会资本的影响效果

变量	(1)	(2)	(3)	(4)
	市场化水平较高		市场化水平较低	
Strusc	0.147 *** (23.054)		−0.073 *** (−7.693)	
Congsc		0.009 *** (35.430)		0.016 *** (5.343)
常数项	−1.337 *** (−4.906)	−4.194 *** (−14.047)	1.142 * (2.551)	0.581 (1.292)
Control	Yes	Yes	Yes	Yes
Year	Yes	Yes	Yes	Yes
Industry	Yes	Yes	Yes	Yes
调整 R^2	0.056	0.069	0.059	0.059
N	86535	86535	77565	77565

可以看出，认知型社会资本对企业投资区位选择的影响系数，在低市场化水平地区为 0.016，在高市场化水平地区为 0.009，均在 1% 的水平上显著，表明认知型社会资本在低市场化水平地区更为突出。这不难理解，在市场化水平较高的地区，法律制度和市场规则等正式制度比较完善，这些制度规则能够保障市场交易的顺利运行，因而认知型社会资本的作用就比较小；但在市场化水平较低的地区，法律制度与市场规则不健全，市场交易的运行更多的是依赖于认知型社会资本的作用，如强调成员互信与规范个体行为等方式，因而认知型社会资本的作用就比较明显。与表 6.2 和表 6.1 的结果相似，结构型社会资本在低市场化水平地区显著为负，在高市场化水平地区则显著为正，存在明显的异质性。原因同样源于：在市场化水平较低的地区，结构型社会资本主要发挥负面功能，如排斥性与封闭性；而在市场化水平较高的地区，结构型社会资本的组成部分，如社会组织与网络已经发生变化，因而能够发挥正面功能，吸引外地企业到本地投资。

四、地理区位异质性

进一步按照地理区位，将被投资地区区分为东部、中部、西部地区与南北地区两组样本，分别进行对比检验，结果如表 6.4 和表 6.5 所示。

表6.4　　　　　　　　　**社会资本在东中西地区的影响效果**

变量	(1)	(2)	(3)	(4)	(5)	(6)
	东部		中部		西部	
Strusc	0.110 *** (16.855)		0.047 (1.512)		−0.110 *** (−8.841)	
Congsc		0.004 *** (18.589)		0.015 (1.704)		0.033 *** (9.828)
常数项	−1.888 *** (−6.476)	−2.686 *** (−8.872)	−2.831 *** (−5.271)	−2.933 *** (−5.314)	−2.235 *** (−3.592)	−3.138 *** (−4.898)
Control	Yes	Yes	Yes	Yes	Yes	Yes
Year	Yes	Yes	Yes	Yes	Yes	Yes
Industry	Yes	Yes	Yes	Yes	Yes	Yes
调整 R^2	0.048	0.051	0.058	0.058	0.048	0.05
N	56347	56347	48307	48307	59446	59446

注：东部地区包括北京、天津、河北、辽宁、福建、上海、山东、浙江、广东、江苏和海南等省份；中部地区包括黑龙江、吉林、内蒙古、山西、河南、江西、湖北、湖南和安徽等省份；西部地区包括四川、重庆、陕西、宁夏、甘肃、云南、贵州、广西、新疆、青海、西藏等省份。

表6.5　　　　　　　　　**社会资本在南北地区的影响效果**

变量	(1)	(2)	(3)	(4)
	南方		北方	
Strusc	0.164 *** (25.768)		−0.129 *** (−13.747)	
Congsc		0.006 *** (30.482)		0.011 *** (24.703)
常数项	−1.035 *** (−3.479)	−1.909 *** (−6.095)	−0.229 (−0.624)	−4.516 *** (−10.879)
Control	Yes	Yes	Yes	Yes
Year	Yes	Yes	Yes	Yes
Industry	Yes	Yes	Yes	Yes
调整 R^2	0.065	0.072	0.066	0.078
N	83892	83892	80208	80208

注：南方地区包括海南、重庆、上海、江苏、广东、广西、浙江、湖南、湖北、安徽、四川、福建、江西、云南、贵州、西藏等地；北方地区包括陕西、河南、青海、宁夏、山西、北京、河北、山东、甘肃、新疆、辽宁、内蒙古、黑龙江、吉林和天津等地。

由表6.4可以看出，认知型社会资本对企业投资区位选择的影响在西部地区最为明显，为0.033，中部次之，为0.015，东部最弱，为0.004，但仅有对东部和西部的影响系数在1%的水平上显著，对中部的影响系数并不显著；结构型社会资本对东部地区企业投资区位选择的影响系数显著为正，对西部地区的影响系数显著为负，对中部地区的影响系数同样不显著。

结合以上对经济发展程度、城镇化率与市场化水平分组结果的分析可知，西部地区经济发展较为落后、城镇化和市场化水平较低，因而结构型社会资本主要发挥其负向功能，认知型社会资本发挥正面效应，但认知型社会资本的作用不及结构型社会资本的作用；中部地区处于东部和西部的过渡区，导致认知型与结构型社会资本的影响均不显著。

由表6.5可知，结构型社会资本呈现出明显的异质性，其在南方地区显示出显著的正向效应，在北方地区却呈现出显著的负向效应，即同样一单位结构型社会资本的增加，将使企业在南方地区投资的概率增加0.164个单位，在北方地区投资的概率却下降0.129个单位。众所周知，北方地区的经济发展程度落后于南方地区，南北方的结构型社会资本的构成也存在显著差异，其中北方地区的结构型社会资本更偏向于西部地区的结构型社会资本，而南方地区的结构型社会资本则更偏向于东部地区，因而结构型社会资本在影响企业投资区位选择时，会呈现出显著异质作用。面对经济发展程度较弱的北方地区，认知型社会资本对企业投资区位选择的影响略强一些；而对投向南方地区的企业而言，影响则略弱一些。

第二节　企业异质性分析

在梅里兹（2003）注意到企业间生产率存在巨大差异，并将其纳入主流经济学的分析框架后，其他学者也开始关注企业生产率与其他个体差异对企业行为的影响。在参考相关文献的基础上，主要探讨企业生命周期、生产率、所有权性质、投资动机与所属行业等方面的异质性，是否会使社会资本对企业投资区位选择的影响呈现差异化的效果。

一、企业生命周期异质性

正如产品周期、技术使用周期，企业成长过程也会经历生命周期。处于生命周期不同阶段的企业，其对外投资或异地投资的能力是不同的。蔡岩松等（2006）认为，成长期的企业虽然整体实力在不断增强，但仍不具备向外投资的能力；而成熟期的企业实力雄厚，市场占有率较高，已经具备了向外投资的能力。在此基础上，为追求可持续发展战略，成熟期企业更愿意开展异地投资；衰退期的企业往往缺乏对环境变化的感知力，整体实力与投资动力开始变弱，因而向外投资的意愿和能力也明显降低。

为考察社会资本对处于不同生命周期阶段企业投资区位选择的影响，本书参考狄金森（Dickinson，2011）提出的现金流模式法，将企业生命周期阶段划分为成长期、成熟期和衰退期三个阶段（见表6.6）。该方法通过划分企业经营、投资和筹资活动的现金流净额正负特征组合，界定企业的生命周期，具有较强的客观性和可操作性。

表6.6　　　　　　　　不同生命周期阶段的企业现金流特征

现金流	经营现金流净额	投资现金流净额	筹资现金流净额
成长期	−	−	+
	+	−	+
成熟期	+	−	−
	−	−	−
衰退期	+	+	+
	+	+	+
	−	+	+
	−	+	−

由表6.7可知，对处于不同生命周期阶段的投资企业而言，认知型社会资本对其投资区位选择的影响并无明显的差异；但结构型社会资本对成熟期企业投资区位选择的影响，明显高于其他时期的企业，前者影响系数为0.128，后者为0.080或0.077，上述结果均在1%的水平上显著。依据蔡岩松等（2006）的观点，成熟期的企业具有可持续成长的诉求，仅在本地经营已不能满足其发展

的需求，因而其向外扩张的动力比较充足。在寻找适合投资的区位时，结构型社会资本因具有快速的信息传播能力与较强的产权保护等功能，可以满足成熟期企业多区域发展战略的需要，因而结构型社会资本对此类企业投资区位选择的影响也就更明显。成长期与衰退期的企业或者因实力不强，或者因思维僵化，其向外扩张的动力较弱，因而对结构型社会资本的依赖程度比较小。

表 6.7 不同生命周期下社会资本的影响效果

变量/类型	(1) 成长期	(2) 成熟期	(3) 衰退期	(4) 成长期	(5) 成熟期	(6) 衰退期
Strusc	0.080 *** (10.647)	0.128 *** (11.973)	0.077 *** (8.406)			
Congsc				0.009 *** (25.952)	0.008 *** (19.128)	0.009 *** (21.586)
常数项	−0.009 (−0.026)	0.271 (0.643)	−0.343 (−0.709)	−2.460 *** (−6.845)	−2.022 *** (−4.325)	−2.853 *** (−5.535)
Control	Yes	Yes	Yes	Yes	Yes	Yes
Year	Yes	Yes	Yes	Yes	Yes	Yes
Industry	Yes	Yes	Yes	Yes	Yes	Yes
调整 R^2	0.056	0.065	0.063	0.074	0.079	0.08
N	71700	41490	48870	71700	41490	48870

二、企业生产率异质性

发现企业间生产率存在差异，是梅里兹等（2003）研究企业异质性并将其引入主流经济学的开端；随后赫尔普曼等（Helpman et al.，2004）将企业生产率异质性作为分析企业国际化选择的依据，研究发现生产率较高的企业，能够获得更多的利润，因而更有能力支付对外投资可能产生的成本，因此，他们认为生产率越高的企业，越有可能向外投资。随后学者们发现生产率较高的企业拥有更多的投资区位选择：生产率较低的企业要么只能在本地或本国经营，要么会选择制度质量较好或距离较近、市场需求较大的国家或地区进行投资；而生产率较高的企业不仅可以选择条件较好的地区，而且也可以在那些制度质量较差、与母国距离较远以及市场需求较小的地区投资（Chen and Moore，2010；肖慧敏和刘辉煌，2012）。金中坤和潘镇（2019）进一步研究发现，企业生产率在一定程度上能够替代东道国的区位条件，即生产率越高，投资企业对东道国区位因素的需求越小。为了减少不必要的竞争以及获得更多的利润，生产率较高的企业可能会选择那些区位条件较差，但鲜有企业投资的地区。

基于以上研究，社会资本对高生产率企业投资区位选择的影响，可能要小于其对低生产率企业投资区位选择的影响。为检验社会资本在不同生产率企业间的作用，将生产率高于均值的企业定义为"高生产率企业"，反之为"低生产率企业"，并分别进行回归（杨栋旭和张先锋，2018）。企业生产率的测算，参照高菠阳等（2019）的方法，采用 L－P 法，近似估计企业全要素生产率，估计结果如表 6.8 所示。

表 6.8　　　　　　　　　不同生产率下社会资本的影响效果

变量	(1)	(2)	(3)	(4)
	生产率较高		生产率较低	
Strusc	0.086 *** (13.712)		0.106 *** (12.449)	
Congsc		0.007 *** (29.552)		0.009 *** (26.291)
常数项	−0.099 (−0.346)	−2.274 *** (−7.355)	0.143 (0.379)	−2.701 *** (−6.473)
Control	Yes	Yes	Yes	Yes
Year	Yes	Yes	Yes	Yes
Industry	Yes	Yes	Yes	Yes
调整 R^2	0.065	0.08	0.052	0.073
N	97080	97080	64230	64230

由表 6.8 可知，结构型社会资本对高生产率企业的影响较小，影响系数为 0.086；对低生产率企业的影响较大，系数为 0.106，均在 1% 的水平上显著。该结果表明企业生产率异质性确实使结构型社会资本的影响呈现出差异化的效果，即相对于高生产率的企业而言，低生产率的企业更重视结构型社会资本的作用。该结果与金中坤和潘镇（2019）的结论一致。认知型社会资本对低生产率企业的作用略高一些。

三、企业所有权异质性

依据企业的所有权性质，可将投资企业划分为国有与非国有企业两组类别。国有企业因其独特的经济与政策背景，投资过程中具有信息优势与融资优势，同时也能够享受更多的优惠政策，对投资风险与投资成本的敏感度较低，因而不会太过重视区位选择中投资地的影响因素。相对而言，非国有企业自负盈亏，不具备信息优势和政策优势，融资能力也受企业规模和能力的影响，因而其对异地投资的风险和成本就比较关注，在投资区位选择时也更重视投资地区位因素所带来的优势。因此，本书认为社会资本对非国有企业投资区位选择的影响可能更为明显。

由表6.9可以看出，结构型与认知型社会资本对不同性质企业区位选择的影响系数在1%的水平上显著，但对非国有企业投资区位选择的影响明显高于国有企业。结构型社会资本对前者的影响系数为0.094，对后者的影响系数为0.081；认知型社会资本对前者的影响系数为0.008，对后者的影响系数为0.007。表明社会资本确实更能影响非国有企业投资的区位选择。

表 6.9　　　　　　　　不同所有权性质下社会资本的影响效果

变量	(1)	(2)	(3)	(4)
	国有企业		非国有企业	
Strusc	0.081 *** (10.621)		0.094 *** (13.896)	
Congsc		0.007 *** (23.138)		0.008 *** (31.155)
常数项	− 1.464 *** (− 4.048)	− 3.414 *** (− 8.848)	0.999 ** (3.068)	− 1.789 *** (− 5.068)
Control	Yes	Yes	Yes	Yes
Year	Yes	Yes	Yes	Yes
Industry	Yes	Yes	Yes	Yes
调整 R^2	0.055	0.067	0.066	0.086
N	72630	72630	91470	91470

四、企业投资动机异质性

投资企业具有不同的投资动机，差异化的投资动机对制度环境的敏感度也是不同的。科尔斯塔德和维格（Kolstad and Wiig，2012）研究了制度环境对我国企业对外投资区位选择的影响，发现我国资源寻求型企业更偏向于资源丰富，但制度环境较差的地区，持有其他动机的企业则倾向于制度环境较高的地区；杨月颖（2020）的研究也得出了相似的结论。邵宇佳等（2020）研究发现，东道国与企业所在地之间的制度距离越大，越不利于吸引市场寻求型与战略寻求型的投资企业。

由文献可知，异质性的投资动机可能会使企业产生不同的投资区位倾向。社会资本对企业投资区位选择的影响可能会在持有不同投资动机的企业间产生差异化的效果。为考察异质性投资动机下社会资本的影响，参照其他文献的做法，将不同的投资动机变量及其与社会资本的交互项放入模型中，对交互项的系数进行估计。企业的市场寻求型动机采用各地区生产总值的对数值表示（刘凯和张文文，2018）；战略资源寻求型动机采用各地区高技术产业主营业务收入与 GDP 的比值来表示（王曼怡和周慧婷，2019）；效率寻求型动机采用各地区平均工资的对数值表示（任晓燕和杨水利，2016）；资源寻求型采用各地区采矿业就业人数占地区总就业人口数的比值表示（邓明，2020）。数据来源《中国统计年鉴》《中国高技术产业统计年鉴》。

由表6.10（a）可知，市场寻求型、战略寻求型、效率寻求型与结构型社会资本的交互项系数均在1%的水平上显著为正，交互项系数分别为0.027、0.302与0.094；资源寻求型与结构型社会资本的交互项系数在1%的水平上显著为负，系数为 -3.980。由表6.10（b）可知，市场寻求型、资源寻求型与认知型社会资本的交互项系数也在1%的水平上显著为正，但影响系数较小，分别为0.004和0.052；效率寻求型与认知型社会资本的交互项系数在1%的水平上显著为负，影响系数为 -0.007。战略寻求型与认知型社会资本的交互项系数不显著。

表 6.10 （a）　　　　不同投资动机下结构型社会资本的影响效果

变量	（1）	（2）	（3）	（4）
Strusc	0.056 *** （8.830）	0.044 *** （8.086）	−0.009 （−1.387）	0.056 *** （9.774）
市场寻求型	0.541 *** （33.975）			
Strusc * 市场寻求型	0.027 *** （5.727）			
战略寻求型		3.496 *** （37.618）		
Strusc * 战略寻求型		0.302 *** （8.649）		
资源寻求型			−10.465 *** （−26.983）	
Strusc * 资源寻求型			−3.980 *** （−21.994）	
效率寻求型				1.230 *** （24.377）
Strusc * 效率寻求型				0.094 *** （6.163）
常数项	0.075 （0.334）	0.078 （0.347）	−0.910 *** （−3.990）	−0.315 （−1.395）
Control	Yes	Yes	Yes	Yes
Year	Yes	Yes	Yes	Yes
Industry	Yes	Yes	Yes	Yes
调整 R^2	0.081	0.077	0.071	0.065
N	164100	164100	164100	164100

表 6.10 （b）　　　　不同投资动机下认知型社会资本的影响效果

变量	（1）	（2）	（3）	（4）
Congsc	0.001 *** （3.531）	0.005 *** （14.577）	0.008 *** （20.978）	0.012 *** （36.734）
市场寻求型	0.422 *** （24.412）			

续表

变量	（1）	（2）	（3）	（4）
Congsc * 市场寻求型	0.004 *** （12.490）			
战略寻求型		2.308 *** （17.080）		
Congsc * 战略寻求型		−0.001 （−0.331）		
资源寻求型			−4.449 *** （−10.180）	
Congsc * 资源寻求型			0.052 *** （4.642）	
效率寻求型				−0.434 *** （−5.316）
Congsc * 效率寻求型				−0.007 *** （−14.009）
常数项	−0.549 * （−2.236）	−1.323 *** （−5.459）	−2.234 *** （−9.346）	−1.923 *** （−8.020）
Control	Yes	Yes	Yes	Yes
Year	Yes	Yes	Yes	Yes
Industry	Yes	Yes	Yes	Yes
调整 R^2	0.083	0.079	0.078	0.078
N	164100	164100	164100	164100

市场寻求型动机与结构型和认知型社会资本的交互项系数均在1%的水平上显著为正。结构型与认知型社会资本同属于地区社会资本，是当地非正式制度的重要内容，地区社会资本水平的提升，有利于吸引持有市场寻求型动机的企业投资，该结论符合文献中关于市场寻求型企业偏好制度质量较高地区的观点。结构型社会资本对持有战略寻求型企业的影响程度最强，其原因可能在于：战略寻求型是投资企业为学习和掌握当地先进技术、品牌与管理经验等知识而采取的投资行为；结构型社会资本错综复杂的社会网络特征，有利于隐性知识的传播，进而有利于企业完成投资的目标。因此，结构型社

会资本较高的地区往往比较能够吸引战略型寻求动机的企业投资。

效率寻求型动机是指企业为了降低成本而在各地进行生产布局的行为。这类企业往往寻求物价和劳动力成本均较低的地区，这些地区往往存在法治建设不健全与市场发育不完全等劣势，整体认知型社会资本的水平相对较低（张先锋和陈婉雪，2017）。低水平的认知型社会资本会通过弱化当地劳动力丰富且成本较低的优势，进而抑制效率寻求型企业在当地开展投资行为。但当地结构型社会资本能够在一定程度上弥补正式制度不完善的劣势，同时规范劳动者行为，放大当地劳动力数量的优势，因此结构型社会资本能够明显影响效率寻求型企业投资的区位选择。

认知型社会资本与结构型社会资本对资源寻求型企业投资区位选择的影响方向截然相反。原因可能在于：投资地是否存在资源以及资源数量的多少并不受结构型社会资本的影响，但结构型社会资本的封闭性与小集团特征可能会在一定程度上阻碍外地企业对本地资源的开采，因而在资源较为丰富的地区，结构型社会资本的存在可能会抑制资源寻求型企业的投资；认知型社会资本主要体现为内部成员自律与他律行为，认知型社会资本水平越高，其内部诚信环境越好，内部成员间的自我要求也比较高，这在一定程度上能够减少投资过程中的摩擦，因而有利于外地企业特别是持有资源寻求型动机的企业投资。

五、企业所在行业异质性

部分学者研究发现企业所在行业的异质性同样会影响社会资本对企业投资区位选择的作用效果。刘凯和邓宜宝（2014）研究发现，东道国制度环境的不同维度对不同行业企业的区位选择有着不同的影响。考虑到企业所在行业的差异可能会导致社会资本影响效果的不同。为探究社会资本对国内不同行业企业异地投资区位选择的影响，本书首先依据三大产业分类，将研究对象划分为第一、第二、第三产业的投资企业；随后通过细分行业发现，制造业占比最高。又进一步将制造业中的投资企业划分为劳动、资本与技术等密集型行业的投资企业（李剑培和顾乃华，2021；张其仔和李蕾，2017）。表6.11 和表6.12 列示了不同行业分类下社会资本影响效应的估计结果。

表 6.11 三大产业分类下社会资本的影响效果

变量	(1)	(2)	(3)	(4)	(5)	(6)
	第一产业	第二产业	第三产业	第一产业	第二产业	第三产业
Strusc	0.089 (1.166)	0.083 *** (11.416)	0.094 *** (13.114)			
Congsc				0.006 ** (2.817)	0.007 *** (24.569)	0.008 *** (30.360)
常数项	2.873 (0.712)	− 0.17 (− 0.532)	0.579 * (2.368)	1.91 (0.453)	− 2.521 *** (− 7.202)	− 1.837 *** (− 6.632)
Control	Yes	Yes	Yes	Yes	Yes	Yes
Year	Yes	Yes	Yes	Yes	Yes	Yes
Industry	Yes	Yes	Yes	Yes	Yes	Yes
调整 R^2	0.043	0.04	0.068	0.054	0.052	0.089
N	1770	86100	76230	1770	86100	76230

由表 6.11 可知，结构型社会资本对第一产业企业投资区位选择的影响系数为 0.089，但不显著；对第二、三产业企业的影响系数均在 1% 的水平上显著为正，对第三产业的影响要略大于对第二产业的影响；认知型社会资本对三大产业的企业投资区位选择的影响均在 5% 的水平上显著为正，对第三产业的影响较明显些，但整体影响系数小于结构型社会资本。

表 6.12 不同要素密集型行业下的社会资本影响效果

变量	(1)	(2)	(3)	(4)	(5)	(6)
	劳动	资本	技术	劳动	资本	技术
Strusc	0.053 *** (3.458)	0.126 *** (4.964)	0.102 *** (8.511)			
Congsc				0.007 *** (9.922)	0.012 *** (10.498)	0.010 *** (16.700)
常数项	0.511 (− 0.650)	1.807 (− 1.344)	1.092 (− 1.686)	− 3.209 *** (− 3.745)	− 5.666 *** (− 3.920)	− 4.805 *** (− 6.730)
Control	Yes	Yes	Yes	Yes	Yes	Yes
Year	Yes	Yes	Yes	Yes	Yes	Yes
Industry	Yes	Yes	Yes	Yes	Yes	Yes

变量	(1)	(2)	(3)	(4)	(5)	(6)
	劳动	资本	技术	劳动	资本	技术
调整 R^2	0.048	0.054	0.054	0.058	0.075	0.071
N	19470	10500	33240	19470	10500	33240

表6.12给出了不同要素密集型行业下社会资本的影响效果。可以看出，结构型社会资本对劳动密集型行业的企业投资区位选择影响较小，系数为0.053，小于资本密集型的0.126和技术密集型的0.102；认知型社会资本对劳动密集型行业中的企业投资区位的影响，略小于对其他两个行业的影响，前者影响系数为0.007，后两者分别为0.012和0.010，上述结果均在1%的水平上显著。劳动密集型行业更加看重劳动力数量多少与劳动力成本的高低，显然社会资本难以对此发挥显著作用；资本密集型与技术密集型行业中的企业对当地社会环境的要求较高，因而更倾向于社会资本较高的地区投资。

第三节　本章小结

本章主要考察了地区与企业异质性，是否会使结构型与认知型社会资本对企业投资区位选择的影响，产生差异化的效果。针对地区异质性，参考相关文献，依据经济发展程度、城镇化率与市场化水平将各地区划分为高于经济发展水平均值与低于经济发展水平均值、高于城镇化率均值与低于城镇化率均值、高于市场化水平均值与低于市场水平的两两对比样本，同时依据地理位置将各地区划分为东中西部与南北地区的两组样本，分别进行对比检验。随后依据企业生命周期阶段、生产率水平、所有权性质、投资动机以及所属行业的不同进行分类，分成不同组别的样本，分别进行估计。研究发现：

从地区异质性的角度来看，在低于经济发展水平均值、低于城镇化率均值、低于市场化水平均值的地区以及西部和北方地区，结构型社会资本对企业投资区位选择的影响显著为负，即在这些地区，结构型社会资本水平越高，越不利于吸引外地企业投资。结构型社会资本在其他地区的影响显著为正，且影响系数高于基准回归的估计系数，表明在以整体样本进行估计时，会弱化结构型社会资本在经济发展较强、城镇化率与市场化水平较高以及东中部与南方地区的作用，同时也会高估社会资本在其他地区的影响。认知型社会资本在低市场化水平的作用强于其在高市场化水平地区的作用，在西部地区的作用高于其在东中部地区的作用，但在其他分类中未见明显差异。

　　从企业异质性的角度来看，（1）结构型社会资本对成熟期企业和低生产率企业投资区位选择的影响更强，但认知型社会资本对不同生命周期与不同生产率企业投资区位选择的影响，不存在明显差异。（2）认知型与结构型社会资本对非国有企业投资区位选择的作用要大于其在国有企业中的作用。（3）结构型社会资本对持有市场寻求型、战略寻求型、效率寻求型动机企业的投资区位选择有正向影响，但对资源寻求型企业的影响为负。认知型社会资本对持有市场寻求型与资源寻求型动机企业的投资区位选择影响显著为正，但对效率寻求型企业的影响显著为负。（4）认知型和结构性社会资本对第一产业与劳动密集型行业中企业投资区位选择的影响，明显弱于对同组中其他行业企业的影响。

第七章　社会资本对企业投资区位
选择的影响：进一步分析

第一节　社会资本的非线性影响

一、考虑社会资本的负面效应

由第二章关于社会资本经济效应的文献梳理可知，部分学者已经从理论分析与实证研究两方面讨论了社会资本的负面作用。社会资本能够通过促进信息传播与扩散，降低外地企业投资的不确定性、通过网络嵌入帮助企业获得合法性地位、通过弥补不完全契约的缺陷增强企业投资的信心以及通过群体压力约束规范地区成员行为等方式，正向影响企业投资的区位选择，即社会资本水平越高的地区，越能吸引外地企业投资。社会资本水平的差异是各地区获取企业投资新建子公司数与投资规模差异的潜在因素。实证方面的研究也对此进行了验证。

但正如学者们所提出的，社会资本的形成与维护需要资源与时间的投入，而且过高的社会资本可能会造成当地社会的封闭性与排斥性。第四章的特征事实显示，我国西部地区部分省份的结构型社会资本水平也很高，但外地企业在当地新建的子公司数与投资规模却很少；第六章的异质性分析显示，经济发展程度较低、城镇化率较低、市场化水平较低、西北部地区，结构型社会资本发挥了负面效应，可能是当地经济发展水平等因素限制了社会资本效应的发挥。但从社会资本负面影响来看，是否随着社会资本水平的提升，反而会排斥外地企业投资，对企业投资区位选择形成抑制效应？

为了回答这个问题，在前人研究的基础上，从以下几点来分析较高水平的社会资本对企业投资区位选择所可能产生的负面影响：

（1）投入性与封闭性抑制企业发展。较高的社会资本虽然有助于降低外地企业的投资成本，但融入或嵌入当地社会组织或网络中，同样也需要外地企业持续不断地进行时间、资金与人力等资源投入。当社会资本所节约的投资成本小于外地企业为维护当地社会关系所投入的成本时，将会对外地企业形成抑制作用。对地区内部而言，社会资本本质上是连接与传送内部资源的中转站，但本地资源是有限的，社会网络越密集，意味着成员数量越多，单个成员所能获得的收益与外部性也将随之减少。为避免"僧多粥少"的困境，网络或组织成员会提高外来成员的进入门槛，在此情况下，外地企业要么被排除在外，要么支付更高的进入成本。这两种情况都会增加外地企业的负担。与此同时，当社会组织变得封闭时，当地不同组织之间以及与外地组织之间的联和性就会变弱，资源流动不畅，结果会抑制企业生产与扩张行为。（2）强制性与约束性会影响企业竞争与创新意识。社会资本水平较高，意味着当地社会规范对其成员的约束性较强，这在一定程度上会弱化企业的竞争意识，不利于企业创新。若外地企业发展目标与当地文化规范相冲突时，企业生产行为将会受限，结果导致企业投资绩效与生产效率受损。（3）弱化正式制度的权威。非正式制度在正式制度缺失时，可以发挥一定的替代功能。但若非正式制度的力量过于强大，则可能会弱化或替代正式制度的权威，容易向外界传递企业产权可能得不到有效保护的信号，导致外地企业放弃在当地投资。（4）引发机会主义行为。适度的社会资本水平通过"聚光灯效应"与群体压力抑制机会主义行为，但过度的社会资本则可能通过"缓冲效应"滋生道德风险与逆向选择（申佳，2017），对外地企业的投资绩效造成损害，进而抑制其他企业在本地的投资倾向。

综上所述，社会资本可能与企业投资区位选择存在非线性关系，即随着社会资本水平的增加，企业在当地投资的倾向也将增加；但当社会资本水平过高时，社会资本的负面效应便开始显现，结果会抑制外地企业投资当地的倾向。为检验社会资本与企业投资区位选择的非线性关系，在式（5.7）中加入社会资本的二次项。如下所示：

$$Lci_{ijt} = \beta_0 + \beta_1 Sc_{jt} + \beta_1 Sc_{jt}^2 + \beta_2 X_{jt} + \beta_3 U_{it} + \eta_t + \varphi_i + \varepsilon_{ijt} \qquad (7.1)$$

结果如表7.1所示。社会资本综合指数的二次项对企业是否在当地投资与企业在当地建立子公司数的影响系数显著为负,对企业在当地投资规模的影响系数显著为正;结构型社会资本的二次项对企业是否在当地投资、在当地新建子公司数的影响均不显著,对企业在当地投资规模的影响在1%的水平上显著为正,但影响系数比较小,仅有0.004;认知型社会资本的二次项对企业投资区位选择的三个指标均在1%的水平上显著为负,但影响系数非常小,可以忽略不计。由此可知,当地区社会资本综合指数过高时,会抑制投资企业在当地投资;当企业决定在当地投资时,则会抑制企业在当地建设更多的子公司,但会鼓励企业扩大投资规模。新建子公司数减少,企业投资规模却扩大,可以认为过高的地区社会资本将会促使企业采取集中式而非分散式的投资模式。虽然过高的结构型社会资本对企业投资规模具有积极影响,但影响系数较少,影响效果并不突出。综合以上分析,较高的社会资本综合指数会对企业投资区位选择产生抑制效应,抑制企业在当地投资和建立子公司,但却会鼓励企业扩大投资规模。结构型与认知型社会资本的负面效应不明显。

表7.1 加入社会资本二次项的估计结果

变量	(1)	(2)	(3)
	Lci	Lcinum	Lciscale
Soccap	1.782 *** (24.571)	1.788 *** (22.229)	0.707 *** (30.640)
Soccap * soccap	-0.706 *** (-8.359)	-0.821 *** (-8.592)	0.102 *** (4.252)
常数项	-1.017 *** (-4.441)	-1.462 *** (-5.977)	2.220 *** (18.374)
调整 R^2	0.07	0.065	0.037
N	164100	164100	164100
变量	(4)	(5)	(6)
	Lci	Lcinum	Lciscale
Strusc	0.115 *** (5.129)	0.109 *** (4.309)	-0.002 (-0.142)

续表

变量	(4)	(5)	(6)
	Lci	Lcinum	Lciscale
Strusc * strusc	−0.002 (−1.005)	−0.001 (−0.639)	0.004*** (4.132)
常数项	−0.099 (−0.436)	−0.918*** (−3.783)	2.904*** (23.598)
调整 R^2	0.055	0.056	0.03
N	164100	164100	164100
变量	(7)	(8)	(9)
	Lci	Lcinum	Lciscale
Congsc	0.017*** (30.486)	0.018*** (29.736)	0.011*** (22.474)
Congsc * congsc	−0.00005*** (−17.587)	−0.00006*** (−19.952)	−0.00003*** (−10.852)
常数项	−2.164*** (−9.132)	−2.152*** (−8.399)	1.528*** (12.291)
调整 R^2	0.076	0.07	0.043
N	164100	164100	164100

注：以上均控制了企业、地区层面控制变量以及年份与行业固定效应。

二、考虑地区间社会资本距离的影响

从投资产生的交易成本角度探究地区社会资本如何影响企业投资的区位选择，本质上是探索制度环境对企业投资区位选择的影响。后续学者们研究发现，不仅制度环境会产生影响，地区间的制度差距同样会影响企业投资的区位选择。就本书研究主题而言，企业在异地投资与经营过程中，不仅受被投资地区社会资本的影响，同时还会受到两地间社会资本与不同类型社会资本差距的影响（Peng and Chen，2009）。若企业所在地结构型社会资本水平较高，那么企业则更倾向于选择结构型社会资本同样较高的地区投资，由此可以沿用原来的发展战略，适应当地的市场环境，减少投资企业的适应成本。因而由地区间的社会资本差异形成的社会资本距离可能也是影响企业投资区位选择的因素之一。

社会资本是非正式制度的重要内容，虽然鲜有文献对社会资本距离展开研究，但关于非正式制度距离的探讨可以为本书提供相应的参考。大多数学者认为非正式制度的影响是普遍存在的，但其透明度较低，外地企业在短时间内可能难以理解并加以利用（衣长军等，2019）。因此当母国与东道国非正式制度距离增加时，将会提高企业适应当地行为规范与市场规则的难度（Ang et al.，2015）、增加母公司异地管理与创新的难度（Michailova and Hutchings，2006；Grosse and Goldberg，1996），同时还会降低外地企业获得当地利益相关认可的能力（Kostova and Zaheer，1999），结果会抑制企业投资。

结合社会资本的概念及以上文献可知，企业投资目标地区与企业所在地的社会资本距离越大，意味着两地间的文化传统、信任水平、道德规范以及社会成员的行为模式均存在较大的差异，外地企业融入当地社会网络、熟悉当地市场规则、遵循当地社会习俗的难度就越大、磨合的时间也越长，相应的投入成本也越高；与此同时，两地间社会资本距离越大，母公司难以将原来的管理方法和生产模式直接复刻至新设立的子公司中，因而会增加额外的管理成本。因此本书认为，与企业所在地的社会资本距离越大，越不利于企业到当地投资。

为验证以上观点，本书借鉴非正式制度距离的测算方法，采用科古特和辛格（Kogut and Singh，1988）提出的科古特－辛格（Kogut-Singh）距离指数公式构造了社会资本距离变量，具体构建公式如下：

$$Dissc_{ij} = \sum_{j=1}^{n} \left[(I_{ij} - I_{ej})^2 / V_j \right] / n \qquad (7.2)$$

其中：$Dissc_{ij}$ 表示企业所在地与被投资地区的社会资本距离，j 代表子指标，I_{ij} 表示企业总部所在地的第 j 项指标数值，I_{ej} 表示被投资地区的第 j 项指标数值，V_j 表示第 j 项指标的方差，n 代表指标总数。

在式（5.7）中将社会资本替换为两地间的社会资本距离。如下所示：

$$Lci_{ijt} = \beta_0 + \beta_1 Dissc_{jt} + \beta_2 X_{jt} + \beta_3 U_{it} + \eta_t + \varphi_i + \varepsilon_{ijt} \qquad (7.3)$$

表 7.2 给出了社会资本距离的估计结果。第（1）～（3）列首先给出了社会资本综合指标测度的社会资本距离，可以看出社会资本总体距离对企业投

资区位选择、投资数量与投资规模均具有负面影响，但仅对企业新建子公司数的影响系数显著，总体影响效果并不明显；第（4）~（6）列表明结构型社会资本距离对企业是否在当地投资、在当地新建子公司数与投资规模的影响系数虽然均为正，但并不显著，说明投资企业所在地与目的地间的结构型社会资本的差异并不影响企业投资区位选择及后续建立子公司和投资规模；第（7）~（9）列表明认知型社会资本距离对企业是否在某地投资、在当地新建子公司数与投资规模的影响系数均显著为负。表明不同地区认知型社会资本距离越大，投资企业与投资地社会成员的观念和认知差距较大，越不利于吸引其他地区的企业投资。

表 7.2　　　　　　　　　　　社会资本距离的估计结果

变量	（1）	（2）	（3）
	Lci	Lcinum	Lciscale
社会资本综合指标距离	-0.003 （-0.893）	-0.012 ** （-3.233）	-0.003 （-1.568）
常数项	0.483 * （2.183）	-0.127 （-0.605）	2.953 *** （25.183）
Control	Yes	Yes	Yes
Year	Yes	Yes	Yes
Industry	Yes	Yes	Yes
调整 R^2	0.054	0.048	0.029
N	164100	164100	164100
变量	（4）	（5）	（6）
	Lci	Lcinum	Lciscale
结构型社会资本距离	0.006 （1.680）	0.003 （0.983）	0.003 （1.807）
常数项	0.475 * （2.142）	-0.166 （-0.789）	2.945 *** （25.066）
Control	Yes	Yes	Yes
Year	Yes	Yes	Yes
Industry	Yes	Yes	Yes
调整 R^2	0.054	0.048	0.029
N	164100	164100	164100

变量	(7)	(8)	(9)
	Lci	Lcinum	Lciscale
认知型社会资本距离	-0.004* (-2.044)	-0.009*** (-4.232)	-0.003** (-2.909)
常数项	0.496* (2.240)	-0.11 (-0.524)	2.959*** (25.245)
Control	Yes	Yes	Yes
Year	Yes	Yes	Yes
Industry	Yes	Yes	Yes
调整 R^2	0.054	0.048	0.029
N	164100	164100	164100

第二节 企业内部因素的调节作用

一、理论分析

第三章和第五章从理论分析与实证研究两个角度，探讨了社会资本对企业投资区位选择的影响。然而，社会资本影响企业投资区位选择的中介变量，如金融发展与政府治理等，均是影响企业投资区位选择的外部因素。事实上，企业内部因素对企业投资区位选择同样具有重要的作用。在最初研究跨国企业对外投资动机时，学者们就认为企业应选择那些可以最大化企业垄断优势与所有权优势的地区投资，以实现企业利润的最大化。第六章从企业异质性角度考察了社会资本在不同类型企业中的作用，结果显示社会资本对不同类型企业投资区位选择的影响具有明显的差异性，即企业内部因素或特征会影响社会资本的作用效果。金中坤和潘镇（2020）研究也发现，企业的投资经验会降低东道国区位条件在企业投资区位选择中的作用。因此，在研究社会资本如何影响企业投资区位选择时，应将企业的内部因素也纳入其中，以全面考察社会资本的影响效果。

结合现有文献，本书认为影响企业投资区位选择的内部因素主要集中于管理者特征与投资经验（陆和刘，2014；刘慧和綦建红，2015；薛求知和帅佳旖，2019；金中坤和潘镇，2019），管理者的年龄、性别、学历、工作经历等会影响企业投资区位选择的偏好，间接弱化社会资本的作用。投资经验表明企业投资区位选择是一个渐进化的过程，前期的经验能够降低信息不对称，减少后续投资的阻力，促使企业在投资区位选择过程中更倾向于自身发展的需要，而非采取折衷的地区进行投资。因此主要从这两方面进行分析。

（一）管理者特征

管理者是企业生存与发展的掌舵者，其在企业是否对外投资以及在何处投资的过程中扮演着重要的角色。因此，在探索企业异地投资区位选择的问题上，不应忽视企业管理者的作用。

汉布里克和梅森（Hambrick and Mason，1984）认为，管理者的个人特征如性别、年龄、职业背景、学历以及政治地位等，会影响个人的风险偏好，进而会间接影响企业生产或投资决策。与此同时，行为金融学认为企业管理者并非标准的理性人，其行为决策也常受到自身心理因素的影响，而这些心理因素又与个人特征息息相关。因此，管理者特征可能会影响企业投资区位选择的偏好，并影响投资地社会资本的作用。

在此需要说明的是，管理者背景特征对企业投资区位选择的影响更多地体现为情境变量（张润宇等，2017），即依据某地区的特征或某个变量的发展状态而发挥相应的作用，如在社会资本较弱的地区，管理者可以凭借其教育背景或工作经历获取相关的知识，弥补社会不足带来的欠缺。情境变量主要是通过强化或弱化主要变量的作用，发挥的是调节变量的作用，因而在后续实证检验时将采用调节效应进行估计。

在我国，上市公司的董事长更像发达国家的 CEO（姜付秀等，2009）。因此，主要考察上市公司董事长背景特征的影响。参考现有文献，主要选取以下特征进行分析：

1. 年龄。一般认为，管理者年龄越大，身体机能开始下降，决策模式也开始倾向保守与稳健型。但从另一个角度看，年龄较大的管理者拥有更多的社会经验、人际关系网络更为广泛、获取的信息与调动的资源也更丰富，因而年龄较大的管理者在企业投资过程中具有更多的优势，因此在选择投资区位时可能不太会关注社会资本的作用。年轻的管理者因自身经验少，人际关系网络较窄，为降低投资不确定性与可能面临的投资风险，其往往倾向于投向社会资本水平较高的地区。基于以上分析，上市公司管理者的年龄越大，对社会资本作用的替代效应越强。

2. 性别。有研究表明男性和女性的社会网络存在明显的差异：男性社会网络规模较大，连接成员的异质性较强，具有明显的工具属性；而女性社会网络规模较小，连接成员的同质性较强，情感属性较强（计小青和赵景艳，2020）。因而在不同连接网络背景下，男性管理者比女性管理者能够获得更多的信息、可借贷资金以及其他投资所需。与此同时，女性管理者的风险偏好程度明显低于男性，为降低投资风险，女性管理者可能更依赖投资地社会资本的作用。因此，管理者为男性的企业可能会忽视社会资本的作用。

3. 学历。一般而言，学习能力强的企业能够快速了解外部发展环境，并及时应对投资过程中的风险与挑战。企业的学习能力主要体现在管理者的教育背景。教育程度较高的管理者，能够比较客观、理性且全面地思考问题，且具有从有限的信息中分析事情本质的能力，因而更容易发现与高效率地解决问题，降低企业投资过程中的不确定性。教育程度较高的管理者一方面可以了解多样的融资渠道，并找到适合本企业投资的融资方式，缓解企业异地投资的融资约束；另一方面管理者由于学习能力强，可以更快地学习、模仿当地生产知识，并融入当地生产网络，获得当地成员的认可。因而拥有高学历、教育程度较高的管理者可能会忽视社会资本在企业投资区位选择过程中的作用。

4. 任期。米勒（Miller，1982）认为，随着任期的延长，企业战略决策将更加体现为管理者的个人偏好。由此可知任期是影响管理者在企业内部权力大小的重要因素，因而也是间接影响企业决策的因素。管理者任期主要从以下两个方面发挥作用：一是资源积累效应。随着管理者任期的增加，管理者的社会联系与网络关系更加广泛，对行业知识也更加了解，从而能够对企业投资区位选择给出综合的判断。二是提升风险承担能力。芬克尔斯坦和汉布里克（Finkelstein and Hambrick，1990）认为，任期的长短直接影响企业对外投资风险的态度。任期的增加，意味着管理者的市场运作知识与市场环境更加熟悉，拥有更多的公司治理与发展经验，更能应对可能的风险，并增强投资的信心（Simsek，2007）。因而，管理者任期越长，越可能忽略社会资本资源获取与降低风险方面的作用。

5. 财经类工作经历。拥有该类工作经历的管理者往往拥有较为丰富的财务与管理知识，了解更多的融资渠道与融资方式，因而在企业投资过程中会严格控制投资成本，减少非必要开支，并通过拓宽融资渠道，缓解企业异地投资的融资约束。因此，拥有财经类工作经历的管理者能够通过节约成本与拓展融资渠道，间接弱化社会资本在企业投资过程中的资金供给作用。

6. 政府部门工作经历。企业管理者具有政府部门任职经历，其不仅了解政府对企业的发展要求，而且在政府部门工作期间也构建了一定的公职人员关系网络，在市场经济活动中具有更高的可信度。因此，拥有政府部门工作经历管理者的企业可以比较透彻地解读各地区招商引资的政策，从而匹配出最适合企业发展的地区；拥有政府部门工作经历管理者的企业拥有更高的可信度，可以比较容易地获得银行贷款；管理者构建的公职人员关联网络在一定程度上还可以发挥产权保护作用，减少异地投资可能遇到的风险；此外，管理者的政治联系使企业可以有更多的机会接触和获取相关的政策信息，这些信息对防御市场风险、把握市场机遇均具有重要作用。因此，拥有政府部门工作经历管理者的企业可能会忽视社会资本的作用。

（二）投资经验

对外投资或异地投资是一个充满不确定性的过程，而掌握的信息越多越有利于降低投资不确定性，进而提高投资的成功概率。投资经验往往被认为是获取信息的重要途径。根据经验学习曲线可知，一项任务越是被经常执行，完成它的代价越小，实施效果也越好；以此而论，企业以往投资过程中所积累的经验可以用于指导新的投资活动（Mohr and Batsakis，2014），帮助企业克服投资过程中的阻碍，并减少可能的投资风险。投资经验既是企业的无形资产，同时也是企业投资过程中学习效应的凝结（谷克鉴等，2020）。部分学者发现，企业投资经验在市场退出与子公司绩效方面具有重要的作用（李自杰等，2010）。

通过文献梳理可以发现，学者们已经开始关注投资经验对企业后续投资区位选择的影响，但这些研究主要以跨国公司为研究对象，鲜有关注投资经验是否同样适用于国内企业异地投资的情形。基于现有文献研究的不足，本书将投资经验纳入社会资本影响企业投资区位选择的框架中，以观察企业投资经验作用及其对社会资本的影响。

结合现有文献，投资经验主要从以下两点影响企业投资的区位选择。

1. 克服外来者劣势，降低投资风险与成本。"外来者劣势"是企业异地投资面临的重要难题。投资经验作为企业的战略资源，能够有效削弱"外来者劣势"所造成的阻碍。首先，拥有投资经验的企业积累了与东道国或投资地政府交往的经验，建立了与当地政府之间的信任，因而在后续或在其他地区投资时更容易获得当地政府的认可；其次，拥有投资经验的企业会积累如何克服外来者劣势的知识，如何在当地搭建上下游的产业链、如何减少消费者的刻板印象，从而更快地使企业融入到当地生产环境中，提高投资成功的概率；最后，拥有投资经验的企业能够更好地克服制度、文化和法律等方面的差异，减少投资过程中的不确定性与成本。

2. 更好地发挥企业优势。垄断优势理论认为是否到某地投资取决于当地能否使企业发挥自身的优势。若企业拥有投资经验，则可以快速锁定所属的信息资源，在此基础上判断当地是否可以发挥投资企业的所有权优势。若企业选择投资当地，那么投资经验也有利于企业转移核心优势和战略性组织行为，以此实现企业优势的拓展。投资经验不仅降低了企业异地经验的风险，同时也使企业获得了与其内部资源相匹配的机会，促使其提前研判投资的回报与可能的发展空间，使企业投资行为更加理性与客观。

当企业投资面临诸多区位选择时，企业可以根据自身经验评估进入不同区位的成本与收益，通过对比选择最佳的投资区位。投资经验本质上是凸显了企业内部因素在投资区位选择过程中的作用，在一定程度上弱化了东道国或投资地的区位因素。金中坤和潘镇（2020）认为，国际化经验是企业逐步积累向外扩张的知识和资源，如判断东道国的资源禀赋是否有利于企业发挥垄断优势、是否颁布了优惠的政策以及在当地生产经营的预期收益与成本，同时企业通过以往投资建立的网络关联也有利于降低企业对东道国资源的依赖性。因此可以说，国际化经验淡化了东道国区位条件在企业投资区位决策中的价值，拓宽了企业可投资的区域范围，这也使得一些原本不具有吸引力的东道国也有可能成为企业投资的目标地区。因此，企业投资经验会弱化社会资本在企业投资区位选择过程中的作用。

二、实证研究

由以上分析可知，企业管理者特征与投资经验，会使企业在投资区位选择时更多关注自身的能力，即将决策权转移至企业内部，而不是更多地依赖东道国或投资地的经济和制度条件。结合以上分析，企业管理者特征与投资经验会削弱社会资本在投资区位选择中的作用，因此，将企业内部因素及其与社会资本的交互项同时放入模型中，以检验企业内部因素对社会资本影响效果的调节效应。

（一）管理者特征

1. 研究设计。

结合理论分析与相关研究，选择上市公司董事长的性别、年龄、学历、任期、财务类工作经历与政府部门工作经历等作为管理者的特征，并将以上变量及其与社会资本的交互项放入基准回归模型中，如下所示：

$$Lci_{ijt} = \beta_0 + \beta_1 Sc_{jt} + \gamma_0 Chairman + \gamma_1 Sc_{jt} \times Chairman + \beta_2 X_{jt} + \beta_3 U_{it} + \eta_t + \varphi_i + \varepsilon_{ijt} \tag{7.4}$$

主要采用上市公司董事长的背景特征作为企业管理者背景特征。各变量赋值情况如下：性别，若董事长性别为男则取 1，性别为女取 0；年龄，以董事长的年龄加 1 的对数值表示；学历，中专及以下赋值为 1，大专为 2，本科为 3，硕士研究生为 4，博士研究生及以上为 5；任期，是指董事长的任职年数，若在任则用 2021 减去任职年度；财经类工作背景，根据董事长的实际工作经历，定义拥有金融和财务类工作经历的为 1，否则为 0；政府部门工作经历，若董事长具有政府机构任职经历，则赋值为 1，否则为 0。

2. 实证分析。

（1）描述性统计。表7.3给出了上市公司管理者背景特征的描述统计。由该表可知，投资企业管理者的年龄均值在52.6岁；95%的管理者为男性，女性作为管理者的投资企业整体比例偏少；管理者的平均学历是3.7，表明管理者大多有本科或硕士研究生学历；平均任职时间为83个月，接近7年；仅有7%的管理者拥有财务方面的工作经历；约有29%的管理者拥有一定的从政经历。

表7.3　　　　　　　　　上市公司管理者背景特征的描述统计

变量	定义	观测值	均值	标准差	最小值	最大值
年龄	*Age*	135，330	52.659	7.201	28	83
性别	*Gender*	135，330	0.953	0.213	0	1
学历	*Edu*	135，330	3.680	0.882	1	5
任期	*Term*	135，330	82.580	53.618	2	348
财务类工作经历	*FinanceWork*	135，330	0.071	0.257	0	1
政府部门工作经历	*Politic*	135，330	0.290	0.454	0	1

注：部分企业董事长信息缺失，故观测值小于描述性统计的观测值。

（2）实证结果。表7.4给出了管理者特征在社会资本综合指数影响企业是否在某地投资、在某地新建子公司数与投资规模过程中的调节作用。可以看出，对于企业是否在某地投资，仅有管理者任期与社会资本综合指数交互项的系数在10%的水平上显著为正；当企业在该地投资后，管理者任期与社会资本综合指数交互项对企业投资规模的影响也是在5%的水平上显著为正，这表明管理者任期能够正向调节社会资本综合指标的作用。即管理者任期越长，管理者越可能会充分利用当地的区位特征，即充分利用社会资本带来的投资便利，因此会增大在当地投资的概率与投资规模。管理者性别与社会资本综合指数的交互项对企业异地投资规模的影响系数在10%的水平上显著为负，表明一些男性管理者在决定后续投资规模时，并不会过度关注当地社会资本的影响，因而表现出负向调节效应。若管理者具有一定的从政经历，会充分利用当地的社会资本，进而扩大企业后续投资规模，因此管理者有政府部门工作经历会正向调节社会资本综合指标对企业投资规模的积极影响。

表 7.4　　以社会资本综合指标作为核心解释变量的管理者特征调节效应

变量	(1)	(2)	(3)
	Lci	Lcinum	Lciscale
Soccap	1.336 ***	1.284 ***	0.819 ***
	(32.462)	(28.311)	(29.124)
Age	0.002	−0.002	0.002 *
	(0.881)	(−0.848)	(1.987)
Genter	−0.224 ***	−0.197 ***	−0.154 ***
	(−4.472)	(−3.824)	(−4.997)
Edu	−0.018	−0.028	−0.001
	(−1.319)	(−1.744)	(−0.181)
Term	0.000	0.000	0.000
	(0.125)	(0.026)	(0.679)
Finance Work	−0.144 **	−0.196 ***	−0.093 ***
	(−3.079)	(−3.619)	(−4.350)
Politic	0.084 ***	0.073 **	0.048 ***
	(3.325)	(2.634)	(3.549)
Soccap * Age	−0.007	−0.003	−0.002
	(−1.496)	(−0.694)	(−0.552)
Soccap * Gender	−0.025	−0.035	−0.261 *
	(−0.186)	(−0.243)	(−2.227)
Soccap * Edu	−0.017	−0.033	0.033
	(−0.452)	(−0.859)	(1.245)
Soccap * Term	0.002 *	0.001	0.002 **
	(2.438)	(1.115)	(3.202)
Soccap * Finance Work	0.042	0.002	−0.023
	(0.344)	(0.015)	(−0.265)
Soccap * Politic	0.029	0.146	0.172 **
	(0.392)	(1.847)	(2.853)
常数项	−1.684 ***	−2.463 ***	2.018 ***
	(−6.448)	(−8.519)	(14.152)
调整 R^2	0.07	0.064	0.039
N	135330	135330	135330

由表7.5可知，结构型社会资本与管理者特征的交互项系数中，结构型社会资本与管理者有政府部门工作经历的交互项，对企业是否在当地投资、在当地新建子公司数与投资规模的影响均显著为正，表明管理者的政府工作背景与当地社会资本能够产生协同促进作用，即吸引企业在当地投资、促使企业建设更多的子公司，并扩大投资规模；但其他管理者特征对结构型社会资本的调节效用不明显。

表7.5　　以结构型社会资本作为核心解释变量的管理者特征调节效应

变量	(1)	(2)	(3)
	Lci	Lcinum	Lciscale
Strusc	0.088 *** (15.927)	0.089 *** (14.048)	0.053 *** (14.721)
Age	0 (0.293)	−0.002 (−0.993)	0.002 * (1.999)
Genter	−0.240 *** (−5.039)	−0.224 *** (−4.525)	−0.158 *** (−5.093)
Edu	−0.021 (−1.606)	−0.030 * (−1.996)	−0.002 (−0.304)
Term	0.000 (0.881)	0.000 (0.245)	0.000 (0.807)
Finance Work	−0.128 ** (−2.889)	−0.189 *** (−3.778)	−0.093 *** (−4.308)
Politic	0.081 *** (3.368)	0.067 * (2.531)	0.052 *** (3.742)
strusc * Age	0.001 (1.227)	0.001 (1.357)	0 (1.032)
strusc * Genter	0.036 (1.633)	0.021 (0.858)	0.01 (0.595)
strusc * Edu	−0.006 (−1.003)	−0.007 (−1.223)	−0.002 (−0.431)
strusc * Term	0 (0.379)	0 (−0.416)	0 (0.614)

续表

变量	（1）	（2）	（3）
	Lci	*Lcinum*	*Lciscale*
strusc * *Finance Work*	− 0.013 （− 0.710）	− 0.005 （− 0.236）	− 0.008 （− 0.705）
strusc * *Politic*	0.020 * （1.967）	0.052 *** （4.444）	0.024 ** （3.254）
常数项	0.095 （0.379）	− 1.060 *** （− 3.892）	2.739 *** （19.267）
调整 R^2	0.058	0.058	0.032
N	135330	135330	135330

由表7.6可知，认知型社会资本与管理者特征的交互项系数中，认知型社会资本与管理者性别的交互项对企业投资规模的影响为负，表明男性管理者可能会忽视地区认知型社会资本的引资作用，即负向调节认知型社会资本对企业投资规模的影响。

表7.6　以认知型社会资本作为核心解释变量的管理者特征调节效应

变量	（1）	（2）	（3）
	Lci	*Lcinum*	*Lciscale*
congsc	0.008 *** （35.876）	0.007 *** （29.597）	0.006 *** （32.290）
Age	0.002 （1.256）	− 0.002 （− 0.819）	0.002 * （2.203）
Genter	− 0.220 *** （− 4.445）	− 0.197 *** （− 3.848）	− 0.157 *** （− 5.056）
Edu	− 0.022 （− 1.616）	− 0.034 * （− 2.147）	− 0.001 （− 0.132）
Term	0.000 （0.041）	0.000 （0.198）	0.000 （0.608）
Finance Work	− 0.162 *** （− 3.469）	− 0.218 *** （− 4.039）	− 0.095 *** （− 4.409）
Politic	0.092 *** （3.705）	0.092 ** （3.285）	0.049 *** （3.617）

续表

变量	(1)	(2)	(3)
	Lci	Lcinum	Lciscale
Congsc * Age	−0.000 * (−2.331)	0 (−0.573)	0 (−0.711)
Congsc * Genter	−0.001 (−0.749)	−0.001 (−0.791)	−0.003 ** (−2.985)
Congsc * Edu	0 (0.621)	0 (0.808)	0 (1.620)
Congsc * Term	0.000 * (2.542)	0 (0.275)	0 (1.920)
Congsc * Finance Work	0.001 (1.259)	0.001 (0.929)	0 (0.459)
Congsc * Politic	0 (−0.436)	0 (−0.497)	0.001 (1.652)
常数项	−2.574 *** (−9.529)	−3.087 *** (−10.341)	1.309 *** (8.912)
调整 R^2	0.075	0.067	0.044
N	135330	135330	135330

(二) 投资经验

1. 研究设计。

投资经验是企业在投资过程中降低投资风险、减少投资不确定性的重要变量，其在一定程度可以替代东道国或投资地社会资本的作用。在基准回归模型中加入投资经验及其与社会资本的交互项，观察其对社会资本作用的影响。模型如下所示：

$$Lci_{ijt} = \beta_0 + \beta_1 Sc_{jt} + \gamma_0 Exper + \gamma_1 Sc_{jt} \times Exper + \beta_2 X_{jt} + \beta_3 U_{it} + \eta_t + \varphi_i + \varepsilon_{ijt}$$

$$(7.5)$$

借鉴亨西斯和马瑟（Hensiz and Macher, 2004）的做法，通过加总上市公司在除本地外的地区设立的所有子公司数量与各个子公司持续经营时间的乘积，作为各个上市公司的投资经验。具体而言，将 2010 年设置为 1，2011 年设置为2，以此类推，再乘以各上市公司每年设置的异地子公司数量，得到各上市公司每年的投资经验变量，具体数值以该变量加1的对数值表示。模型中的地区与企业层面控制变量不变。

2. 实证结果。

表7.7给出了投资经验对社会资本影响效果的调节效应。可以看出，在以社会资本综合指数为核心解释变量的模型中，社会资本综合指数与投资经验的交互项仅对企业异地投资规模的影响为正，在1%的水平上显著。这表明企业在决定某地区投资以后，企业自身的投资经验与当地的社会资本会形成协同效应，即拥有投资经验的企业知道如何更好地利用当地社会资本，获得更多的投资收益，因此在两者相互影响的作用下，外地企业会扩大在当地的投资规模。但影响系数仅为0.005，表明即使投资经验能够发挥作用，但这种协同效应较小。在以结构型和认知型社会资本为核心解释变量的模型中，结构型和认知型社会资本与投资经验的交互项系数较小，说明投资经验的调节效应微乎其微，可以忽略不计。

表7.7 投资经验的调节效应检验

变量	(1)	(2)	(3)
	Lci	Lcinum	Lciscale
Soccap	1.323 *** (38.188)	1.225 *** (37.812)	0.792 *** (33.921)
Experience	0.006 *** (26.325)	0.007 *** (29.357)	0.005 *** (24.287)
Soccap * experience	0 (−0.252)	−0.001 (−1.284)	0.005 *** (8.002)
常数项	−0.386 (−1.666)	−0.740 *** (−3.378)	2.709 *** (22.707)
调整 R^2	0.08	0.069	0.047
N	164100	164100	164100
变量	(4)	(5)	(6)
	lci	lcinum	lciscale
Strusc	0.099 *** (19.010)	0.094 *** (18.833)	0.047 *** (16.151)

续表

变量	(4)	(5)	(6)
	lci	*lcinum*	*lciscale*
Experience	0. 007 *** (26. 268)	0. 007 *** (30. 366)	0. 005 *** (23. 842)
*Strusc * experience*	− 0. 000 *** (− 5. 178)	− 0. 000 *** (− 6. 377)	0. 000 (0. 978)
常数项	1. 374 *** (6. 115)	0. 807 *** (3. 793)	3. 513 *** (29. 581)
调整 R^2	0. 066	0. 059	0. 038
N	164100	164100	164100
变量	(7)	(8)	(9)
	lci	*lcinum*	*lciscale*
Congsc	0. 008 *** (39. 091)	0. 007 *** (38. 923)	0. 005 *** (36. 034)
Experience	0. 006 *** (26. 353)	0. 007 *** (29. 936)	0. 005 *** (24. 111)
*Congsc * experience*	0. 000 (− 1. 655)	− 0. 000 *** (− 3. 842)	0. 000 *** (6. 362)
常数项	− 1. 289 *** (− 5. 314)	− 1. 512 *** (− 6. 605)	2. 130 *** (17. 438)
调整 R^2	0. 083	0. 071	0. 05
N	164100	164100	164100

注：以上均控制企业层面和地区层面的变量，也控制了年份与行业固定效应。

第三节　本章小结

　　本章考察了社会资本的负面效应，以及地区间社会资本距离对企业投资区位选择的可能影响。首先从理论上分析了过高的社会资本对企业投资区位选择的抑制作用，随后将社会资本及其二次项放入模型中进行估计。结果显示：较高的社会资本综合指数会对企业投资区位选择（即是否在当地投资的决策）产生抑制效应，抑制企业在当地投资和建立子公司，但当企业决定投资后，则会鼓励企业扩大投资规模，即促使企业在当地采取集中式而非分散式的投资模式。结构型与认知型社会资本的负面效应不明显。社会资本距离的结果显示，社会资本综合指标测度的社会资本距离对企业投资新建子公司数量具有显著的负面影响；进一步观察发现，社会资本距离的负面效应主要体现为认知型社会资本方面，认知型社会资本距离对企业是否在当地投资、投资新建子公司数与投资规模均具有显著的负面影响，但结构型社会资本距离的影响并不显著。

　　本章还探讨了企业内部因素是否会影响社会资本对企业投资区位选择的作用效果。为此首先从理论方面分析了投资企业管理者特征和投资经验的作用，其次采用调节效应模型进行实证检验。结果显示：从社会资本与管理者背景特征的交互项系数来看，管理者任期能够正向调节社会资本对企业在当地投资倾向以及投资规模的影响，管理者性别则会负向调节社会资本对企业投资规模的影响；管理者有政府部门工作经历能够正向调节结构型社会资本对企业是否在当地投资、新建子公司数与投资规模的影响；管理者性别会负向调节认知型社会资本对企业投资规模的影响。投资经验仅能够正向调节社会资本综合指数对企业投资规模的影响，即当企业决定在某地投资后，企业的投资经验会与当地社会资本产生协同效应，有助于企业扩大投资规模，但整体调节效应总体比较小。

第八章　研究结论与政策建议

第一节　研究结论

作为资本跨地区流动的重要方式，企业异地投资一方面受到地方保护与市场分割的阻碍；另一方面又是破解市场分割、促进区域协调发展的微观机制。制度环境是影响企业投资区位选择的重要因素，在我国经济转型发展阶段，正式制度不健全，非正式制度发挥了重要的作用。社会资本作为非正式制度的重要内容，可能是企业投资区位选择的影响因素。为探究两者关系，首先，本书基于相关理论基础和文献资料，系统研究了社会资本影响企业投资区位选择的作用机理和影响渠道，并进一步构建理论模型，考察两者之间的数理关系。其次，分析了我国企业异地投资与各地区社会资本的发展现状，并通过绘制散点图，从直观上给出了两者的可能联系。再次，在理论分析的基础上构建计量模型，结合上市公司数据与各地区区位条件数据，实证检验各地社会资本水平对企业投资区位选择的作用效果与影响渠道。而后又分析了地区与企业异质性的影响，以及社会资本非线性影响与企业内部因素的调节作用。

总结全书，主要研究结论如下：

第一，在理论分析上，总结出社会资本影响企业投资区位选择的作用机理：事前阶段，通过信息传播与网络嵌入等功能降低企业投资准备阶段的阻力与成本；事中阶段，通过提高成员可信程度，弥补不完全契约的不足，减少企业投资签约过程中的交易成本；事后阶段，通过约束、规范与网络监督等功能，减少投资企业的监督与追偿成本。此外，结合社会资本的功能属性，本书认为社会资本通过促进东道国或投资地金融发展、提高东道国或投资地集聚经济程度与政府治理水平以及调节经济政策不确定性的负面影响等渠道，间接影响了企业投资的区位选择。

第二，从特征事实来看，我国上市公司异地投资趋势在不断增加，但整体上不及海外投资，投资规模也小于本地投资。从异地投资企业的行业、区位以及主体构成来看：结合三大产业企业异地投资占比情况，第二产业企业占比始终占据较大比例；异地投资企业主要集中于制造业与房地产业这两个行业，制造业异地投资企业占比在波动中缓慢上升，房地产业占比则是先上升而后出现下降趋势；我国企业异地投资更倾向于东部沿海省份，中西部地区对企业投资的吸引力依然较小；国有企业与民营企业异地投资占比达到了总量的90%以上，其中，国有企业是异地投资规模较大，但新建子公司数较少，而民营企业则与之相反。我国各地区社会资本水平在不断提升，但各地区的差距也在逐渐扩大；认知型社会资本具有东高西低的特征，结构型社会资本却表现出东部和西部省份较高、中部省份较低的哑铃型分布；运用 Stata17 绘制了社会资本与新建子公司数与投资规模的散点拟合图，结果发现两种类型的社会资本均与企业异地投资指标正相关。

第三，在实证研究上，采用条件 Logit 模型、负二项回归模型与 OLS 回归模型估计了社会资本对企业投资区位选择的影响，结果发现社会资本对企业投资区位选择具有显著的正效应，经过更换解释变量、更换模型、删减与替换样本等一系列稳健性检验，验证了本书基准回归结果的稳健性。而后渠道检验发现：金融发展、集聚经济与地方政府治理水平在社会资本的影响过程中，发挥了部分中介作用；社会资本能弱化经济政策不确定性的负面影响。表明社会资本确实通过金融发展、集聚经济、地方政府治理与经济政策不确定性等渠道影响了企业投资的区位选择。

第四，从异质性结果来看，在经济发展水平较低、城镇化率较低、市场化水平较低以及西部和北方地区，结构型社会资本的影响显著为负，在其他地区的影响显著为正；认知型社会资本在市场化水平较低地区与西部地区的作用，明显高于其在市场化水平较高地区与东中部地区的作用；结构型社会资本对成熟期企业和低生产率企业投资区位选择的影响更强；认知型与结构型社会资本对非国有企业投资区位选择的作用更明显；结构型社会资本对持有市场寻求型、战略寻求型、效率寻求型动机企业的投资区位选择有正向影响，但对资源寻求型企业的影响为负。认知型社会资本对持有市场寻求型与资源寻求型动机企业的投资区位选择影响显著为正，但对效率寻求型企业的影响显著为负；认知型社会资本对第一产业与劳动密集型行业中企业投资区位选择的影响相较于第二、第三产业和资本与技术密集型行业中企业的影响较小，结构型社会资本对第一产业企业的影响不显著，对劳动密集型行业企业影响相较于技术和资本密集型行业中的企业较小。

第五，从进一步分析来看，较高的社会资本综合水平会抑制企业在当地投资，会促使企业采取集中式的投资模式（子公司数较少，但整体投资规模较大）；社会资本总距离仅对企业异地新建子公司数有显著的负面影响，但整体上系数值较小。管理者的任期与在政府部门工作经历正向调节了社会资本对企业投资区位选择的影响；管理者性别会负向调节社会资本对企业投资区位选择的影响。在企业决定在某地投资后，企业的投资经验会与当地社会资本形成协同效应，有助于企业扩大投资规模，但调节效应总体上比较小。

综合上述主要发现，得出重要结论如下：（1）我国企业异地投资分布存在不平衡特征，倾向于东部沿海发达地区；我国各地社会资本水平也存在较大差距。（2）社会资本确实能够影响企业投资区位选择，即社会资本水平较高的地区能够吸引更多的企业到当地投资。（3）社会资本对企业投资区位选择的影响存在明显的地区异质性与企业异质性，而且具有多种影响渠道。（4）社会资本与社会资本距离的负面影响是存在的，但社会资本距离的影响相对较弱；企业管理者特征与投资经验能够调节社会资本对企业投资区位选择的作用，管理者任期与在政府部门工作经历、投资经验发挥正向调节作用，管理者性别发挥负向调节作用。

第二节　政策建议

企业异地投资具有宏微观两个层次的经济效应。从微观来看，异地投资是企业寻求更大发展空间的方式，有助于企业提升创新能力与竞争优势；从宏观来看，企业异地投资有助于被投资地区生产率与就业机会的增长，有助于资源跨地区流动，进而破解市场分割，同时还有助于各地区经济协调发展以及国内大市场的畅通。然而，企业异地投资能否实现以上经济效应，关键在于企业投资的区位选择；选择的区位不同，不仅会影响企业自身的发展战略，而且也会影响我国地区间的发展水平；国内资本流动的"卢卡斯之谜"即显现出企业异地投资对宏观经济的实际影响。为揭示企业异地投资区位选择的影响因素，本书从社会资本的角度进行了探索。结果发现社会资本较高的地区，往往更能吸引外地企业投资，这意味着提高地区的社会资本水平有利于当地招商引资，进而促进经济增长。然而，我国各地社会资本存量存在显著差异，使得我国各地招商引资进而促进经济增长的表现也呈现出明显的不同。结合社会资本的作用、现阶段我国各地区吸引外地企业的现状以及两者的关系，本书尝试提出以下几点政策建议：

第一，引导并规范社会资本有序发展。由本书的研究可知，社会资本是塑造地区营商环境的重要因素，不仅影响企业投资区位选择，同时也影响地区金融发展、集聚经济以及政府治理等经济变量。因此，应大力支持社会资本的发展。具体而言：

一是加强不同层次的德育教育，引导正确的价值方向，培养良好的道德规范；开展多方面的诚信教育，建立诚信监督体系，强化群体监督与舆论监督对社会成员欺诈行为的纠正作用，实现自律与他律的约束作用，从而促使短半径的熟人信任向适用于陌生人的长半径信任转换。

二是鼓励、支持并规范社会组织的发展。社会组织是由不同社会成员组成的团体，具有规范自我发展的章程与条例，是结构型社会资本的表现形式。各类社会组织，将原子化的个体连接成经常沟通交流的群体，一方面通过内部规范约束组织成员，减少越轨与不法行为，维护了地区稳定的发展环境；另一方面通过信息传递与利益维护功能，提高了成员参与公共事务的积极性，也提高了社会管理的效率。在支持社会组织发展的同时，也应注意到社会组织的负面作用；目前社会组织在我国仍处于无序发展的状态；一些组织可能会损害内部成员利益，或组成小集团对抗集体的行动；甚至存在一些非法组织，严重损害了经济平稳发展与社会的稳定。因此在鼓励和发展社会组织的同时，也应加强对其活动监管，引导正面作用的发挥，弱化其负面作用的影响。

三是政府部门应加强诚信执政能力建设，营造良好的投资环境。政府是影响一地区经济发展表现的重要力量，政府可以通过直接参与经济活动、配置稀缺资源、规范本地发展环境等方式发挥作用。从影响本地发展环境来看，政府诚信执政能力将影响整个地区的风气与社会组织的功能。若政府自身公信力与诚信执政能力较弱，那么意味着当地正式制度执行可能存在较大的活动空间，由此促使一些社会组织和个人积极开展寻租行为，结果会恶化本地投资环境，增加投资成本；反之，社会组织将履行其管理与规范内部成员的功能，而不是作为企业或个人徇私舞弊的工具。由此可见，政府诚信执政能力及其构建的公信力在本地营商环境中发挥着示范与引领作用，因此政府部门应加强自身诚信执政建设，扩大政务公开的范围和程度，增强与群众和社会组织的监督作用。

四是重视传统文化与现代经济的结合。文化与社会资本都属于非正式制度的内容，且两者内容上存在交叉部分：人们在长期社会生产实践中形成并固定下来的行为方式与价值理念是一地区传统文化的重要体现，而这又影响了认知型社会资本中的道德规范与信任水平，以及结构型社会资本中人们是否有合作与交流的意愿，因而部分学者将传统文化视为社会资本的形成基础。传统文化作为上层建筑，当符合经济发展的需求时，则会促进经济发展；但若落后经济发展的需求时，反而会阻碍经济发展。传统乡村社会中的宗族网络也是典型的社会组织，但其固有的封闭性与短信任半径的特征反而不利于现代经济的发展。因此在培育社会资本时，各地区应剖析本地传统文化的组成部分，对其优秀的部分应大力宣扬，对不符合时代发展的部分应及时纠正，同时也要适时地创新本地文化，从而为本地社会资本水平的提升提供新的成长土壤。

第二，挖掘社会资本在经济领域的作用，并对社会资本培育采取差异化的引导措施。企业异地投资是资本跨地区流动的重要方式，本书研究结果表明，社会资本对企业异地投资区位选择具有重要影响，因而社会资本可以通过影响企业异地投资的区位，实现缩小区域差距以及促进市场整合的作用。具体而言，相较于经济发达地区，经济发展较为落后的地区应积极提升本地社会资本水平，吸引外地企业投资，扭转资本流动的方向，为本地经济增长吸引强大助力，以此缩小与其他地区的差距。与此同时，依据本书研究结论，社会资本同时还对当地金融发展、集聚经济、政府治理水平以及当地经济韧性发挥积极作用，因此各地区应通过引导社会资本的相应功能弥补本地发展的薄弱环节，由此从整体上改善本地的发展环境。此外，值得注意的是，社会资本在不同地区具有差异化的影响，如结构型社会资本在西部地区发挥负向作用；但在东中部地区却发挥正向作用。因此应采取差异化的措施。对西部地区而言，应支持并鼓励跨地区社会组织的发展，与周边建立多方面与多层次的网络关系，从而建立较为广泛的社会经济合作，在合作中改变当地结构型社会资本开放不足的特征。

第三，重视正式制度与基础设施的建设。社会资本之所以在经济领域发挥作用，对企业异地投资区位选择产生影响，其根源在于正式制度的不健全与不完善。正式制度的建立与完善能够取代部分效率较低且产生负向影响的社会组织，节约跨区投资企业的时间与成本，同时也能够对社会资本的培育与规范及其运行效率产生明显的促进作用。因此在培育社会资本的同时，应重视正式制度的建设。由社会资本的概念特征可知，社会资本是一种无形资本，但其作用的发挥离不开物质资本的支撑；结合地区异质性可以发现，在经济发展较落后、城镇化水平与市场化水平较低的地区，结构型社会资本反而会排斥外地企业的投资行为，因此在寄希望于社会资本发挥积极效应时，也应重视基础设施的投入，如加强信息与交通网络的建设、加强社区福利设施如公园、公益组织的建设等。只有在这些基础设施与公共物品投入的基础上，才有利于区域间社会资本的培育，进而有利于社会资本正向效应的扩散，以及对外地企业投资区位选择产生积极影响。

第四，投资企业应重视各地区社会资本的发育状况，以识别其发展阶段并合理利用。研究结果表明，东道国或投资地的社会资本是影响企业投资战略的因素，在社会资本较高的地区，其能够为投资企业提供许多便利，如获取当地消费者、供应商以及政策执行情况的信息；获取投资所需的资金与稀缺资源；降低投资成本等。但社会资本的影响在不同类型的企业以及发展程度不同的地区之间存在显著差异，针对不同情况，企业应合理甄别并加以选择地利用。具体而言，当企业内部因素决定其投资能力时，企业可能会忽视地区社会资本的作用，在这种情况下，投资企业也应将东道国或投资地社会资本纳入考虑范围，以做出更合理的决策；针对社会资本负向影响较为明显的地区时，企业应权衡社会资本带来的收益与成本，当利用当地社会资本的成本大于其收益时，企业应及时调整投资战略。

从宏观层面来看，企业异地投资是两个地区经济发展有效衔接的桥梁，对投资地，企业投资能够带来就业机会的增长和生产效率的提升，复制母公司的成功经验，扩散母公司的技术优势、管理优势等，从而为投资地带来较强的溢出效应；对投资企业所在地而言，吸收投资地的优势资源，有利于合理调整母公司的经营结构，并带动相关企业和当地整体结果的改善。企业异地投资地区选择的差异意味着地区协调发展的程度不同，若大多企业选择周边地区，则企业所在地与周边地区关联较为紧密，协调发展程度较高；若大多企业选择距离较远但某种资源比较独特地区，那么企业所在地将与这些地区经济关联较多，经济差距较小。因此，合理引导企业投资的区位选择，对缩小我国各地区间的发展差距、化解市场分割、畅通国内大循环以及促进整体高质量发展具有重要的意义。本书的研究从理论和实证两方面验证了非正式制度的重要内容——社会资本，对企业异地投资区位选择的影响，研究发现提升地区社会资本可有效影响企业异地投资区位选择的决策，这对如何促进我国各地区的协调发展具有重要的战略意义。因此，应合理建设并充分利用社会资本在影响企业投资区位选择中的作用，从而使企业投资区位选择实现微观效应与宏观效应的双赢。

参考文献

[1] 巴曙松，刘孝红，牛播坤．转型时期中国金融体系中的地方治理与银行改革的互动研究 [J]．金融研究，2005 (05)：25 -37.

[2] 边燕杰，丘海雄．企业的社会资本及其功效 [J]．中国社会科学，2000 (02)：87 -99.

[3] 蔡岩松，常树春，方淑芬．企业成长与投资行为特征分析 [J]．生产力研究，2006 (11)：211 -212.

[4] 曹春方，贾凡胜．异地商会与企业跨地区发展 [J]．经济研究，2020 (04)：150 -166.

[5] 曹春方，夏常源，钱先航．地区间信任与集团异地发展——基于企业边界理论的实证检验 [J]．管理世界，2019 (01)：179 -191.

[6] 曹春方，周大伟，吴澄澄，张婷婷．市场分割与异地子公司分布 [J]．管理世界，2015 (09)：92 -103.

[7] 曾克强．社会资本对区域经济发展的影响研究 [D]：长沙：湖南大学，2018.

[8] 陈乘风，许培源．社会资本对技术创新与经济增长的影响——基于中国的经验证据 [J]．山西财经大学学报，2015 (10)：23 -32.

[9] 陈初昇，刘晓丹，衣长军．海外华商网络、东道国制度环境对中国OFDI 的影响——基于"一带一路"研究视角 [J]．福建师范大学学报（哲学社会科学版），2017 (01)：79 -86.

[10] 陈德球，李思飞．政府治理、产权偏好与资本投资 [J]．南开管理评论，2012 (01)：43 -53.

[11] 陈平，欧燕．我国劳动力成本上升对 FDI 地区转移的影响——来自

工业企业数据和 FDI 空间效应的证据 [J]. 中山大学学报（社会科学版），2011（02）：185 – 191.

[12] 陈倩倩. 制度环境、社会资本与家族企业 [D]：杭州：浙江大学，2014.

[13] 陈松，刘海云. 东道国治理水平对中国对外直接投资区位选择的影响——基于面板数据模型的实证研究 [J]. 经济与管理研究，2012（06）：71 – 78.

[14] 陈宇秦. 社会资本理论研究的局限及应注意的问题 [J]. 重庆工商大学学报（社会科学版），2006（03）：50 – 53.

[15] 陈兆源，田野，韩冬临. 中国不同所有制企业对外直接投资的区位选择——一种交易成本的视角 [J]. 世界经济与政治，2018（06）：108 – 130.

[16] 储德银，费冒盛. 财政纵向失衡、转移支付与地方政府治理 [J]. 财贸经济，2021（02）：51 – 66.

[17] 崔巍. 社会资本、政府绩效与经济增长：来自我国的证据 [J]. 当代财经，2018（03）：3 – 11.

[18] 崔巍. 我国区域金融发展的差异性研究——基于社会资本的视角 [J]. 经济学动态，2013（03）：89 – 94.

[19] 戴宏伟，丁建军. 社会资本与区域产业集聚：理论模型与中国经验 [J]. 经济理论与经济管理，2013（02）：86 – 99.

[20] 戴翔，韩剑，张二震. 集聚优势与中国企业"走出去" [J]. 中国工业经济，2013（02）：117 – 129.

[21] 邓明. 制度距离、"示范效应"与中国 OFDI 的区位分布 [J]. 国际贸易问题，2012（02）：123 – 135.

[22] 邓明. 自然资源禀赋与地方政府的征税能力建设 [J]. 财政研究，2020（11）：56 – 70.

[23] 杜江，宋跃刚. 制度距离、要素禀赋与我国 OFDI 区位选择偏好——基于动态面板数据模型的实证研究 [J]. 世界经济研究，2014（12）：47 – 52, 85.

[24] 段鑫，任群罗，李明蕊. 社会资本、制度质量对经济高质量发展的影响研究 [J]. 财经理论研究，2021（04）：52 – 69.

［25］樊纲，王小鲁，张立文.中国各地区市场化进程2000年报告［J］.国家行政学院学报，2001（03）：17-27.

［26］冯科，何理，孟蔚洋.信任、经济增长与金融发展：理论进展与中国经验［J］.中央财经大学学报，2017（05）：30-36.

［27］高菠阳，尉翔宇，黄志基，冯锐，刘卫东.企业异质性与中国对外直接投资——基于中国微观企业数据的研究［J］.经济地理，2019（10）：130-138.

［28］耿中元，李统，何运信.经济政策不确定性对企业投资的影响——企业家信心的中介效应及代理成本的调节作用［J］.复旦学报（社会科学版），2021（01）：184-193.

［29］谷克鉴，李晓静，向鹏飞.解构中国企业对外直接投资的创新效应——基于速度、时间和经验的视角［J］.经济理论与经济管理，2020（10）：83-98.

［30］郭凯.腐败与异地投资［D］：上海：上海交通大学，2016.

［31］韩炜，杨俊，包凤耐.初始资源、社会资本与创业行动效率——基于资源匹配视角的研究［J］.南开管理评论，2013（03）：149-160.

［32］贺灿飞，魏后凯.信息成本、集聚经济与中国外商投资区位［J］.中国工业经济，2001（09）：38-45.

［33］黄群慧，陈创练.新发展格局下需求侧管理与供给侧结构性改革的动态协同［J］.改革，2021（03）：1-13.

［34］计小青，赵景艳.社会资本对女性主观幸福感的补偿机制分析——基于CGSS数据的实证研究［J］.西北人口，2020（06）：1-14.

［35］冀相豹.制度差异、累积优势效应与中国OFDI的区位分布［J］.世界经济研究，2014（01）：73-80.

［36］冀相豹.中国对外直接投资影响因素分析——基于制度的视角［J］.国际贸易问题，2014（09）：98-108.

［37］贾玉成，张诚.双边投资协定（BIT）对中国OFDI区位选择的影响［J］.河北大学学报（哲学社会科学版），2016，41（02）：82-90.

［38］姜付秀，伊志宏，苏飞，黄磊.管理者背景特征与企业过度投资行为［J］.管理世界，2009（01）：130-139.

［39］蒋冠宏，蒋殿春.中国对外投资的区位选择：基于投资引力模型的面板数据检验［J］.世界经济，2012（09）：21－40.

［40］金中坤，潘镇.国际化经验、东道国环境与企业海外投资区位选择［J］.技术经济，2020（06）：155－164.

［41］金中坤，潘镇.生产率异质性、东道国因素与企业海外投资区位选择［J］.中国流通经济，2019，29（09）：93－102.

［42］靳光辉，刘志远，花贵如.政策不确定性、投资者情绪与企业投资——基于战略性新兴产业的实证研究［J］.中央财经大学学报，2016（05）：60－69.

［43］雷光勇，王文.政府治理、风险承担与商业银行经营业绩［J］.金融研究，2014（01）：110－123.

［44］黎文靖，李耀淘.产业政策激励了公司投资吗［J］.中国工业经济，2014（05）：122－134.

［45］李贲.企业资源禀赋、制度环境对新企业成长的影响研究［D］.南京：东南大学，2019.

［46］李春浩，牛雄鹰.国际人才流入、社会资本对创新效率的影响［J］.科技进步与对策，2018（15）：152－160.

［47］李丹.地区文化、企业风格与企业异地投资［D］.北京：中央财经大学，2019.

［48］李凤羽，杨墨竹.经济政策不确定性会抑制企业投资吗？——基于中国经济政策不确定指数的实证研究［J］.金融研究，2015（04）：115－129.

［49］李慧斌，杨雪冬.社会资本与社会发展［M］.北京：社会科学文献出版社，2000.

［50］李剑培，顾乃华，潘捷.中国制造业省际贸易的本地市场效应研究［J］.国际经贸探索，2021，37（07）：50－68.

［51］李楠.中国国内价值链空间重构：基于价值链长度、合作度与地位指数的考察［J］.国际经贸探索，2020（08）：55－67.

［52］李永强，杨建华，白璇，车瑜，詹华庆.企业家社会资本的负面效应研究：基于关系嵌入的视角［J］.中国软科学，2012（10）：104－116.

［53］李治.中国现代企业集团［M］.北京：中国商业出版社，1995.

［54］李自杰，李毅，陈达．国际化经验与走向全球化——基于中国电子信息技术产业上市公司的实证研究［J］．中国软科学，2010（08）：126－137．

［55］刘冲，刘莉亚，李庆宸．"排斥"还是"包容"：传统宗族文化与现代银行发展［J］．经济研究，2021，56（04）：110－125．

［56］刘刚，胡增正．汇率、工资和经济增长对我国FDI流入的影响——基于全国与地区层面的实证检验［J］．中央财经大学学报，2013（02）：86－90．

［57］刘慧，綦建红．异质性OFDI企业序贯投资存在区位选择的"路径依赖"吗［J］．国际贸易问题，2015（08）：123－134．

［58］刘凯，邓宜宝．制度环境、行业差异与对外直接投资区位选择——来自中国2003～2012年的经验证据［J］．世界经济研究，2014（10）：73－79．

［59］刘凯，张文文．中国对外直接投资存在制度偏好吗——基于投资动机异质视角［J］．宏观经济研究，2018（07）：59－75．

［60］刘双芹，李敏燕．制度距离对中国OFDI区位选择的影响［J］．河海大学学报（哲学社会科学版），2018，20（02）：58－64，91．

［61］刘修岩，张学良．集聚经济与企业区位选择——基于中国地级区域企业数据的实证研究［J］．财经研究，2010（11）：83－92．

［62］卢燕平．社会资本与我国经济和谐发展［J］．统计研究，2007（10）：9－14．

［63］陆铭，陈钊．分割市场的经济增长——为什么经济开放可能加剧地方保护？［J］．经济研究，2009（03）：42－52．

［64］罗知，徐现祥．投资政策不确定性下的企业投资行为：所有制偏向和机制识别［J］．经济科学，2017（03）：88－101．

［65］吕朝凤，陈汉鹏，López-Leyva Santos．社会信任、不完全契约与长期经济增长［J］．经济研究，2019（03）：4－20．

［66］吕朝凤，黄梅波．金融发展能够影响FDI的区位选择吗［J］．金融研究，2018（08）：137－154．

［67］吕朝凤，毛霞．地方金融发展能够影响FDI的区位选择吗？——一个基于城市商业银行设立的准自然实验［J］．金融研究，2020（03）：58－76．

［68］吕萍，原大勇，陈煦畅．东道国工会组织对中国对外直接投资的影响研究：基于中国上市公司的数据［J］．世界经济研究，2018（09）：93－105．

[69] 马光荣, 程小萌, 杨恩艳. 交通基础设施如何促进资本流动——基于高铁开通和上市公司异地投资的研究 [J]. 中国工业经济, 2020 (06): 5-23.

[70] 马宏, 汪洪波. 社会资本对中国金融发展与收入分配关系的影响——基于中国东中西部地区面板数据的实证研究 [J]. 经济评论, 2013 (05): 108-115.

[71] 马双, 赖漫桐. 劳动力成本外生上涨与 FDI 进入: 基于最低工资视角 [J]. 中国工业经济, 2020 (06): 81-99.

[72] 孟寒, 严兵. 产业集聚对中国企业对外直接投资的影响 [J]. 世界经济研究, 2020 (04): 95-106.

[73] 潘越, 戴亦一, 吴超鹏, 刘建亮. 社会资本、政治关系与公司投资决策 [J]. 经济研究, 2009 (11): 82-94.

[74] 潘镇, 殷华方, 鲁明泓. 制度距离对于外资企业绩效的影响——一项基于生存分析的实证研究 [J]. 管理世界, 2008 (07): 103-115.

[75] 彭晖, 张嘉望, 梁敬. 社会资本、交易成本与流通产业发展——基于中介效应模型的实证研究 [J]. 北京工商大学学报 (社会科学版), 2017 (04): 45-56.

[76] 皮天雷. 社会资本、法治水平对金融发展的影响分析 [J]. 财经科学, 2010 (01): 1-8.

[77] 綦建红, 刘慧. 以往经验会影响 OFDI 企业序贯投资的区位选择吗——来自中国工业企业的证据 [J]. 经济理论与经济管理, 2015 (10): 100-112.

[78] 钱水土, 翁磊. 社会资本、非正规金融与产业集群发展——浙江经验研究 [J]. 金融研究, 2009 (11): 194-206.

[79] 钱先航, 曹春方. 信用环境影响银行贷款组合吗——基于城市商业银行的实证研究 [J]. 金融研究, 2013 (04): 57-70.

[80] 饶品贵, 岳衡, 姜国华. 经济政策不确定性与企业投资行为研究 [J]. 世界经济, 2017 (02): 27-51.

[81] 任保全, 刘志彪, 任优生. 全球价值链低端锁定的内生原因及机理——基于企业链条抉择机制的视角 [J]. 世界经济与政治论坛, 2016

（05）：1 – 23.

[82] 任晓燕，杨水利．对外直接投资区位选择影响因素的实证研究——基于投资动机视角 [J]．预测，2016（03）：32 – 37.

[83] 邵宇佳，刘文革，陈红．制度距离、投资动机与企业 OFDI 区位选择——中国对外直接投资"制度风险偏好"的一种解释 [J]．西部论坛，2020（02）：95 – 108.

[84] 申佳．制度建构、网络多元化与企业不当行为 [D]．长春：吉林大学，2017.

[85] 盛丹，王永进．契约执行效率能够影响 FDI 的区位分布吗？[J]．经济学（季刊），2010（04）：1239 – 1260.

[86] 宋渊洋，黄礼伟．为什么中国企业难以国内跨地区经营？[J]．管理世界，2014（12）：115 – 133.

[87] 宋渊洋，赵嘉欣．地区社会信任对企业股权结构的影响研究——来自 CGSS 和中国上市公司的经验证据 [J]．当代经济科学，2021（04）：42 – 52.

[88] 谭云清，翟森竞．关系嵌入、资源获取与中国 OFDI 企业国际化绩效 [J]．管理评论，2020（02）：29 – 39.

[89] 唐礼智，狄炀．集聚、外部性与 FDI 区位选择 [J]．宁夏社会科学，2009（02）：47 – 52.

[90] 陶攀，荆逢春．中国企业对外直接投资的区位选择——基于企业异质性理论的实证研究 [J]．世界经济研究，2013（09）：74 – 80.

[91] 田素华，杨烨超．FDI 进入中国区位变动的决定因素：基于 D – G 模型的经验研究 [J]．世界经济，2012（11）：59 – 87.

[92] 佟家栋，刘竹青．地理集聚与企业的出口抉择：基于外资融资依赖角度的研究 [J]．世界经济，2014（07）：67 – 85.

[93] 万建香，汪寿阳．社会资本与技术创新能否打破"资源诅咒"？——基于面板门槛效应的研究 [J]．经济研究，2016（12）：76 – 89.

[94] 王凤荣，苗妙．税收竞争、区域环境与资本跨区流动——基于企业异地并购视角的实证研究 [J]．经济研究，2015（02）：16 – 30.

[95] 王疆，江娟．母国集聚与产业集聚对中国企业对美直接投资区位选择的影响 [J]．世界地理研究，2017（04）：20 – 30.

［96］王曼怡，周慧婷．金融资源供给对高新技术产业发展的影响——基于中国省域面板数据的检验［J］．国际经济合作，2019（06）：34 - 42.

［97］王胜，田涛，谢润德．中国对外直接投资的贸易效应研究［J］．世界经济研究，2014（10）：80 - 86.

［98］王恕立，向姣姣．中国对外直接投资的贸易效应——基于2003 ~ 2012年跨国面板的经验分析［J］．经济体制改革，2014（04）：135 - 139.

［99］王晓颖．东道国自然资源禀赋、制度禀赋与中国对ASEAN直接投资［J］．世界经济研究，2018（08）：123 - 134.

［100］王艳，李善民．社会信任是否会提升企业并购绩效？［J］．管理世界，2017（12）：125 - 140.

［101］王永贵，刘菲．信任有助于提升创新绩效吗——基于B2B背景的理论探讨与实证分析［J］．中国工业经济，2019（12）：152 - 170.

［102］王永钦，杜巨澜，王凯．中国对外直接投资区位选择的决定因素：制度、税负和资源禀赋［J］．经济研究，2014（12）：126 - 142.

［103］王忠诚．东道国金融发展对企业海外投资的影响研究［D］．武汉：中南财经政法大学，2018.

［104］温忠麟，叶宝娟．中介效应分析：方法和模型发展［J］．心理科学进展，2014（05）：731 - 745.

［105］文余源，杨钰倩．投资动机、制度质量与中国对外直接投资区位选择［J］．经济学家，2021（01）：81 - 90.

［106］吴宝，李正卫，池仁勇．社会资本、融资结网与企业间风险传染——浙江案例研究［J］．社会学研究，2011（03）：84 - 105.

［107］吴光芸，李建华．区域合作的社会资本因素分析［J］．贵州社会科学，2009（03）：52 - 57.

［108］吴亮，吕鸿江．网络外部性对中国企业海外投资区位选择的影响［J］．财贸经济，2015（03）：124 - 135.

［109］吴倩，潘爱玲，邱金龙．高铁通车、地区间信任与资本跨区流动——基于企业异地并购的视角［J］．当代财经，2020（10）：75 - 86.

［110］伍柏麟．中国企业集团论［M］．上海：复旦大学出版社，1996.

［111］伍骏骞，何伟，储德平，严予若．产业集聚与多维城镇化异质性

[J]．中国人口·资源与环境，2018（05）：105-114.

[112] 武岩，胡必亮．社会资本与中国农民工收入差距 [J]．中国人口科学，2014（06）：50-61.

[113] 夏立军，陆铭，余为政．政企纽带与跨省投资——来自中国上市公司的经验证据 [J]．管理世界，2011（07）：128-140.

[114] 向永辉．集聚经济、区域政策竞争与 FDI 空间分布：理论分析与基于中国数据的实证 [D]．杭州：浙江大学，2013.

[115] 肖慧敏，刘辉煌．地理距离、企业异质性与中国对外直接投资——基于"新"新经济地理视角 [J]．经济管理，2012（10）：77-85.

[116] 熊艾伦．社会资本及其对区域创新产出影响的研究 [D]．重庆：重庆大学，2017.

[117] 徐现祥，刘毓芸，肖泽凯．方言与经济增长 [J]．经济学报，2015，2（02）：1-32.

[118] 许福志．社会资本、人力资本与资源诅咒对经济增长作用 [J]．首都经济贸易大学学报，2018（02）：13-22.

[119] 薛求知，帅佳旖．制度距离、经验效应与对外直接投资区位选择——以中国制造业上市公司为例 [J]．中国流通经济，2019（08）：80-90.

[120] 严成樑．社会资本、创新与长期经济增长 [J]．经济研究，2012（11）：48-60.

[121] 阎大颖．制度距离、国际经验与中国企业海外并购的成败问题研究 [J]．南开经济研究，2011（05）：75-97.

[122] 杨栋旭，张先锋．管理者异质性与企业对外直接投资——基于中国 A 股上市公司的实证研究 [J]．国际贸易问题，2018（10）：162-174.

[123] 杨娇辉，王伟，谭娜．破解中国对外直接投资区位分布的"制度风险偏好"之谜 [J]．世界经济，2016（11）：3-27.

[124] 杨亚平，杨姣．合法性获取、组织学习和中国企业对外直接投资成功率 [J]．暨南学报（哲学社会科学版），2020（10）：95-109.

[125] 杨艳，李盼盼，毛育晖．制度环境对房地产企业跨区域投资地域选择的影响 [J]．管理评论，2018（11）：186-197.

[126] 杨月颖．东道国营商环境对我国 OFDI 区位选择的影响研究 [D].

济南：山东师范大学，2020.

[127] 姚俊，蓝海林. 我国企业集团的演进及组建模式研究 [J]. 经济经纬，2006 (01)：82 - 85.

[128] 姚毅，王朝明. 中国城市贫困发生机制的解读——基于经济增长、人力资本和社会资本的视角 [J]. 财贸经济，2010 (10)：106 - 113.

[129] 衣长军，刘晓丹，王玉敏，黄健. 制度距离与中国企业海外子公司生存——所有制与国际化经验的调节视角 [J]. 国际贸易问题，2019 (09)：115 - 132.

[130] 尹希果. 社会资本、工业集聚与经济增长——基于中国经验的实证研究 [J]. 西南政法大学学报，2006 (04)：110 - 117.

[131] 余珮，孙永平. 集聚效应对跨国公司在华区位选择的影响 [J]. 经济研究，2011 (01)：71 - 82.

[132] 虞力. 制度距离对中国企业跨国投资影响研究—区位、策略和绩效 [D]. 广州：暨南大学，2015.

[133] 袁海东，朱敏. 海外华人网络对中国对外投资的影响研究——基于东道国异质性的视角 [J]. 国际商务（对外经济贸易大学学报），2017 (05)：79 - 89.

[134] 张红娟，周常宝，孙为政，张丽. 制度落差、社会资本与跨国公司海外子公司合法性 [J]. 管理学报，2015 (07)：969 - 975.

[135] 张建伟，杨海平. 市场需求和中国工业行业 FDI 流入 [J]. 工业技术经济，2017，36 (02)：23 - 33.

[136] 张俊生，曾亚敏. 社会资本与区域金融发展——基于中国省际数据的实证研究 [J]. 财经研究，2005 (04)：37 - 45.

[137] 张可云，赵文景. 社会资本对区域经济增长的影响——基于贡献水平与空间溢出效应的分析 [J]. 学术研究，2020 (10)：67 - 76.

[138] 张克中，郭熙保. 社会资本与经济发展：理论及展望 [J]. 当代财经，2004 (09)：5 - 9.

[139] 张梁梁，杨俊. 社会资本、政府治理与经济增长 [J]. 产业经济研究，2018 (02)：91 - 102.

[140] 张华容，王晓轩，黄漫宇. 心理距离对中国 OFDI 区位选择的影响

研究 [J]. 宏观经济研究, 2015 (12)：129 – 136, 152.

[141] 张其仔, 李蕾. 制造业转型升级与地区经济增长 [J]. 经济与管理研究, 2017, 38 (02)：97 – 111.

[142] 张其仔. 社会资本与国有企业绩效研究 [J]. 当代财经, 2000 (01)：53 – 58.

[143] 张润宇, 余明阳, 张梦林. 社会资本是否影响了上市家族企业过度投资？——基于社会资本理论和高阶理论相结合的视角 [J]. 中国软科学, 2017 (09)：114 – 126.

[144] 张维迎, 柯荣住. 信任及其解释：来自中国的跨省调查分析 [J]. 经济研究, 2002 (10)：59 – 70.

[145] 张夏, 汪亚楠. 东道国制度环境、企业异质性与中国对外直接投资 [J]. 财贸研究, 2020 (12)：1 – 18.

[146] 张先锋, 陈婉雪. 最低工资标准、劳动力素质与 FDI [J]. 工业技术经济, 2017, 36 (02)：87 – 95.

[147] 张岳然, 费瑾. 双边投资协定、东道国制度环境与中国对外直接投资区位选择 [J]. 世界经济与政治论坛, 2020 (06)：116 – 141.

[148] 赵云辉, 陶克涛, 李亚慧, 李曦辉. 中国企业对外直接投资区位选择——基于 QCA 方法的联动效应研究 [J]. 中国工业经济, 2020 (11)：118 – 136.

[149] 郑莹, 阎大颖, 任兵. 制度壁垒、组织学习与中国企业对外投资区位选择 [J]. 国际商务（对外经济贸易大学学报）, 2015 (02)：47 – 56.

[150] 周建国. 社会资本及其非均衡性分布的负面影响 [J]. 浙江学刊, 2002 (06)：182 – 185.

[151] 周瑾, 景光正, 随洪光. 社会资本如何提升了中国经济增长的质量？[J]. 经济科学, 2018 (04)：33 – 46.

[152] 周黎安. 中国地方官员的晋升锦标赛模式研究 [J]. 经济研究, 2007 (07)：36 – 50.

[153] 朱文涛, 顾乃华. 土地价格与 FDI 的区位选择——基于空间杜宾模型的实证研究 [J]. 国际贸易问题, 2018 (11)：162 – 174.

[154] 朱希伟, 金祥荣, 罗德明. 国内市场分割与中国的出口贸易扩张

[J]. 经济研究, 2005 (12): 68 - 76.

[155] 祝继高, 梁晓琴, 王春飞. 信息透明度如何影响"一带一路"倡议下中国企业对外直接投资区位选择 [J]. 国际商务 (对外经济贸易大学学报), 2020 (06): 46 - 61.

[156] 宗芳宇, 路江涌, 武常岐. 双边投资协定、制度环境和企业对外直接投资区位选择 [J]. 经济研究, 2012 (05): 71 - 82.

[157] Adler S. , Kwon W. Social Capital: Prospects for a New Concept [J]. Academy of Management Review, 2002 (27): 17 - 40.

[158] Aggarwal A . The Influence of Labour Markets on FDI: Some Empirical Explorations in Export Oriented and Domestic Market Seeking FDI Across Indian States [R]. Working Paper of University of Delhi, 2005 (22).

[159] Ahern R. , Daminelli D. , Fracassi C. Lost in Translation? The Effect of Cultural Values on Mergers Around the World [J]. Journal of Financial Economics, 2015, 117 (01): 165 - 189.

[160] Aleksynaka M. , Havrylchyk O. FDI from the south: The role of institution distance and natural resources [J]. European Journal of Political Economy, 2013, 29 (09): 38 - 53.

[161] Alfaro L. , Kalemli-Ozcan S. , Volosovych V. Why Doesn´t Capital Flow from Rich to Poor Countries? An Empirical Investigation [J]. Review of Economics and Statistics, 2008, 90 (02): 347 - 368.

[162] Allen F. , Qian J. , Qian M . Law, Finance, and Economic Growth in China [J]. Journal of Financial Economics, 2005, 77 (01): 57 - 116.

[163] Alsan M. , Bloom E. , Canning D. The Effect of Population Health on Foreign Direct Investment Inflows to Low and Middle Income Countries [J]. World Development, 2006, 34 (04): 613 - 630.

[164] Ang J. , Cheng Y. , Wu C. Social Capital, Cultural Biases, and Foreign Investment in Innovation: Evidence from China [J]. Working Paper, Florida State University, 2009.

[165] Ang S. H. , Benischke M. H. , Doh J. P. The Interactions of Institutions on Foreign Market Entry Mode [J]. Strategic Management Journal, 2015,

36 (10): 1536 –1553.

[166] Angelo A. , Pier L. , Sacco P. and V. Paolo, 2002. Economic Growth and Social Poverty: The Evolution of Social Participation [J]. Bonn Economics, Discussion, 2002 (05): 13.

[167] Asiedu E. Foreign Direct Investment in Africa: The Role of Natural Resources, Market Size, Government Policy, Institutions and Political Instability [J]. World Economy, 2006, 29 (01): 63 –77.

[168] Back P. , Michael M. A comparison of Bribery and Bidding in Thin Markets [J]. Economic Letters, 2006, 20: 1 –5.

[169] Baker W. E. Market Networks and Corporate Behavior [J]. American Journal of Sociology, 1990, 96 (03): 589 –625.

[170] Baron R. M. , Kenny D. A. The Moderator-mediator Variable Distinction in Social Psychological Research: Conceptual, Strategic, and Statistical Considerations. [J]. Journal of Personality and Social Psychology, 1986, 51 (06): 1082 –1173.

[171] Barrell R. and Pain N. Domestic Institutions, Agglomerations and Foreign Direct Investment in European [J]. European Economic Review, 1999, 43: 925 –934.

[172] Bernanke B. , Gertler M . Agency Costs, Net Worth, and Business Fluctuations [J]. The American Economic Review, 1989, 79 (01): 14 –31.

[173] Beugelsdijk S. , Groot H. D. , Linders G. J. Cultural Distance, Institutional Distance and International Trade [R]. ERSA Conference Paper, 2004.

[174] Bo B. N. , Nielsen S . The Role of Top Management Team International orientation in International Strategic Decision-making: The Choice of Foreign Entry mode [J]. Journal of World Business, 2010, 46 (02): 185 –193.

[175] Bourdieu P. The Forms of Capital, Handbook of Theory and Research for the Sociology of Education [M]. New York: Greenwood Press, 1986.

[176] Brown T. F. Theoretical Perspectives on Social Capital [J]. University of Wisconsin Working Paper, 1997.

[177] Buchanan G. , Le V. , Rishi M. Foreign Direct Investment and Institu-

tional Quality: Some Empirical Evidence [J]. International Review of Financial Analysis, 2012 (21).

[178] Buckley P. J., Clegg L. J., Cross A. R. et al. The Determinants of Chinese Outward Foreign Direct Investment [J]. Journal of International Business Studies, 2007, 38 (02): 499 – 518.

[179] Burt R. S. Structural Holes: The Social Structure of Competition [R]. Cambridge, MA: Harvard University Press, 1992.

[180] Carroll D., Samwick A. How Important Is Precautionary Saving? [J]. The Review of Economics and Statistics, 1998, 80 (03): 410 – 419.

[181] Caves R. E. Multinational Enterprise and Economic Analysis [M]. Cambridge university press, 1996.

[182] Chen X., Moore M. Location Decision of Heterogeneous Multinational Firms [J]. Journal of international Economics, 2010, 80 (02): 188 – 199.

[183] Cheng L. K. Kwan Y. K. What are the Determinants of the Location of Foreign Direct Investment? The Chinese Experience [J]. Journal of Internation Economics, 2000, 51: 397 – 400.

[184] Chou Y. K. Three Simple Models of Social capital and Economic Growth [J]. The Journal of Socio-Economics, 2006, 35 (05): 889 – 912.

[185] Christiano J., Motto R., Rostagno M. Financial Factors In Economic Fluctuations [M]. ECB Working Paper, 2010: 1192.

[186] Ciccone A., Hall E. Productivity and the Density of Economic Activity [J]. American Economic Review, 1996, 86 (86): 54 – 70.

[187] Coleman J. Foundations of Social Theory [M]. Cambridge, MA: Harvard University Press. 1990.

[188] Desbordes R., Wei S. J. The Effects of Financial Development on Foreign direct Investment [J]. Journal of Development Economics, 2017, 127: 153 – 168.

[189] Dickinson V. Cash Flow Patterns as a Proxy for Firm Life Cycle [J]. The Accounting Review, 2011, 86 (06): 1969 – 1994.

[190] Doucouliagos C, Iamsiraroj S. Does Growth Attract FDI? [R]. Economics Discussion Papers, 2015 (18).

［191］Dunning J. H. Location and the Multinational Enterprises：A Neglected Factor？［J］. Journal of International Business Studies，1998（29）：45 – 67.

［192］Dunning J. H. Trade，Location of Economic Activity and the MNE：A Search for an Eclectic Approach. In Ohlin，B.，Hesselborn，P. and Wiskman，P.，（Eds），The International Allocation of Economic Activity［M］. London：Palgrave MacMillan，1977.

［193］Durlauf S N，Fafchamps M. Empirical Studies of Social Capital：A Critical Survey［J］. Journal of Chemical Physics，2003，92（06）：3359 – 3376.

［194］Egger P.，Pfaffermayr M. The Impact of Bilateral Investment Treaties on Foreign Direct Investment［J］. Journal of Comparative Economics，2004，32（04）：788 – 804.

［195］Erdener C.，Shapiro D. M. The Internationalization of Chinese Family Enterprises and Dunning's Eclectic MNE Paradigm［J］. Management and Organization Review，2005，1（03）：411 – 436.

［196］Felix R. Does Too Much Trust Hamper Economic Growth？［J］Kykos，2009，62（01）：103 – 128.

［197］Field J. Civic Engagement and Lifelong Learning：Survey Findings On Social Capital and Attitudes towards Learning.［J］. Studies in the Education of Adults，2003，35（02）.

［198］Finkelstein S.，Hambrick D. Top-management-team Tenure and Organizational Outcomes：The Moderating Role of Managerial Discretion［J］. Administrative Science Quarterly，1990，35：484 – 504.

［199］Fukuyama F. Trust：The Social Virtues and the Creation of Prosperity［M］. New York：Free Press，1995.

［200］Gereffi，G.，International Trade and Industrial Up-Grading in the Apparel Commodity Chain［J］，Journal of International Economics，1999，48：33 – 70.

［201］Globerman S.，Shapiro D. Governance Infrastructure and US Foreign Direct Investment［J］. Journal of International Business Studies，2003（01）：19 – 39.

［202］Grootaert C.，Van Bastelaert T. The Role of Social Capital in Development: An Empirical Assessment [M]. Cambridge University Press, 2002.

[203] Grosse R. , Goldberg G. Foreign Bank Activity in the United States: An Analysis by Country of Origin [J]. Journal of International Business Studies, 1996, 27 (01): 139 – 155.

[204] Guiso L. , Sapienza P. , Zingules L. The Role of Social Capital in Financial Development [J]. American Economic Review, 2004, 94 (03): 526 – 556.

[205] Gulen H. , Ion M. Policy Uncertainty and Corporate Investment [J]. Ssrn working paper, 2015.

[206] Hambrick D. C. , Mason A. Upper Echelons: Organization as a Reflection of Its Managers [J]. Academy Management Review, 1984: 193 – 206.

[207] Head K. , Ries J. , Swenson D. Agglomeration Benefits and Location choice: Evidence from Japanese Manufacturing Investments in the United States [J]. Journal of International Economics, 1995, 38 (34): 223 – 247.

[208] Head K. and T. Mayer. Market Potential and the Location of Japanese Investment in the European Union [J]. Review of Economics and Statistics, 2004, 86: 959 – 972.

[209] Heckman J. Statistical Models for Discrete Panel Data [M]. Department of Economics and Graduate School of Business, University of Chicago, 1979.

[210] Helliwell J. , Putnam R . Economic Growth and Social Capital in Italy [J]. Eastern Economic Journal, 1995, 21 (03): 295 – 307.

[211] Helpman E. , Melitz M. J. , Yeaple S. R. Export versus FDI with Heterogeneous Firms [J]. The American Economic Review, 2004, 94 (01): 300 – 316.

[212] Hermes N. , Lensink R . Foreign Direct Investment, Financial Development and Econoomic Growth [J]. Journal of Development Studies, 2003, 40 (01): 142 – 163.

[213] Ishise Y. Sawada. Aggregate Returns to Social Capital: Estimates Based on the Augmented Augmented-Solow Model [J]. Journal of Macroeconomics, 2009, 31: 376 – 393.

[214] Jacobs. The Economies of Cities Random House [M]. New York, 1969.

[215] Johanson J. , Vahlne J. The Internationalization Process of the Firm-A

model of Knowledge Development and Increasing Foreign Market Commitments [J]. Journal of International Business Studies, 1977, 8 (01): 23 –32.

[216] Jottier D. , Heyndels B. Does Social Capital Increase Political Accountability? An Empirical Test for Flemish Municipalities [J]. Public Choice, 2012, 150 (3 /4): 731 –744.

[217] Kim J. U. , Aguilera R. V. Foreign Location Choice: Review and Extensions [J]. International Journal of Management Reviews, 2016, 18 (02): 133 –159.

[218] King G. , Zeng L. Logistic Regression in Rare Events Data [J]. Political Analysis, 2002, 9 (02): 137 –163.

[219] Knack S. , Keefer P. Does Social Capital Have an Economic Payoff? A Cross-Country Investigation [J]. The Quarterly Journal of Economics, 1997, 112 (04): 1251 –1288.

[220] Kogut B. , Singh H. The Effect of National Culture on the Choice of Entry Mode [J]. Journal of International Business Studies, 1988, 19 (03): 411 –432.

[221] Kogut B. Designing Global Strategies: Comparative and Competitive Value-added Chains [J]. Sloan Management Review, 1985, 26 (24): 15 –28.

[222] Kolstad I. , Wiig A . What determines Chinese outward FDI? [J]. Journal of World Business, 2012, 47 (01): 26 –34.

[223] Kostova T. , Zaheer S. Organizational Legitimacy Under Conditions of Complexity: The Case of the Multinational Enterprise [J]. Academy of Management Review, 1999, 24 (01): 64 –81.

[224] Krishna A. , Uphoff N. Mapping and Measuring Social Capital: A Conceptual and Empirical Study of Collective Action for Conserving and Developing Watersheds in Rajasthan, India [R]. Social Capital Initiative Working Paper, 1999 (13).

[225] Lefilleur J. , Maurel M . Inter-and Intra-Industry Linkages as a Determinant of FDI in Central and Eastern Europe [J]. Social Science Electronic Publishing [J]. Economic Systems, 2010, 34 (03): 309 –330.

[226] Lin N. Social Capital: A Theory of Social Structure and Action [M].

Cambridge, MA: Harvard University Press, 2001.

[227] La Porta R. E. A . Trust in Large Organizations [J]. American Economic Review, 1997, 87 (02): 333 – 338.

[228] Lu J. , Liu X. , Wright M. et al. International Experience and FDI location Choices of Chinese Firms: The Moderating Effects of Home Country Government Support and Host Country Institutions [J]. Journal of International Business Studies, 2014, 45 (04): 428 – 449.

[229] Lucas R. E. Why Doesn't Capital Flow from Rich to Poor Countries [J]. American Economic Review, 1990, 80 (02): 92 – 96.

[230] Luo Y. , Tung R. L. International Expansion of Emerging Market Enterprises: A Springboard Perspective [J]. Journal of International Business Studies, 2007, 38 (04): 481 – 498.

[231] Mayer T. , Mucchielli J. L . Agglomeration Effects, State Policies, and Competition in the Location of Japanese FDI in Europe [J]. Research in Global Strategic Management, 1998, 6 (06): 87 – 116.

[232] McFadden D. Conditional logit Analysis of Qualitative Choice Behavior [C]. Zarembka P. Frontiers of Econometrics. New York: Academic Press, 1974: 105 – 142

[233] Michailova S. , Hutchings K. National Cultural Influences on Knowledge Sharing: A Comparison of China and Russia [J]. Journal of Management Studies, 2006, 43 (03): 383 – 405.

[234] Miller M. Top Executive Locus of Control and Its Relationship to Strategy-Making, Structure, and Environment [J]. Academy Management Journal, 1982, 25: 719 – 742.

[235] Mohr A. and G. Batsakis. Intangible Assets, International Experience and the Internationalisation Speed of Retailers [J]. International Marketing Review, 2014, 31 (06): 601 – 620.

[236] Nahapiet J. , Ghoshal S. Social Capital, Intellectual Capital and the Creation of Value in Firms [J]. Academy of Management Annual Meeting Proceedings, 1997 (03): 35 – 39.

[237] Nunn N. , Wantchekon L. The Slave Trade and the Origins of Mistrust in Africa [J]. American Economic Review, 2011, 101 (07): 3221 – 3252.

[238] Kuzmina N. Volchkova, T. zueva. Foreign Direct Investment and Governance Quality in Russia [J]. Journal of Comparative Economics, 2014 (04): 1 – 37.

[239] Oi W. The Desirability of Price In Stability under Perfect Competition [J]. Ecometrica, 1961, 29 (01): 58 – 64.

[240] Otchere I. , I. Soumaré, Yourougou P . FDI and Financial Market Development in Africa [J]. The World Economy, 2016, 39 (05): 651 – 678.

[241] Peng W. , Chen H. The Institution-Based View As A Third Leg For A Strategy Tripod [J]. Academy of Management Perspectives, 2009, 23 (03): 63 – 81.

[242] Portes A. Social Capital: Its Origins and Applications in Modern Sociology [J]. Annual Review of Sociology, 1998 (24): 1 – 24.

[243] Powell K. S. , Lim E. Investment Motive as a Moderator of Cultural-distance and Relative Knowledge Relationships with Foreign Subsidiary Ownership Structure [J]. Journal of Business Research, 2017, 70: 255 – 262.

[244] Putnam R. D. Making Democracy Work: Civic Tradition in Modern Italy [J]. Contemporary Sociology, 1993, 3: 306 – 308.

[245] Rabellotti R. Is There an 'Industrial District Model' Footwear Districts in Italy and Mexico Compared [J]. World Development, 1995, 23 (01).

[246] Semih Akçomak, Weel B. T. Social capital, Innovation and Growth: Evidence from Europe [J]. European Economic Review, 2009, 53 (05): 544 – 567.

[247] Simsek Z. CEO Tenure and Organizational Performance: an Intervening Model [J]. Strategic Management Journal, 2007, 28: 653 – 662.

[248] Stiglitz, Joseph E . Information and the Change in the Paradigm in Economics. [J]. American Economic Review, 2002, 92 (03): 460 – 501.

[249] Villena V. H. , Choi T. Y. , Revilla E . Revisiting Interorganizational Trust: Is More Always Better or Could More Be Worse? [J]. Journal of Management, 2019, 45 (02): 752 – 785.

［250］Witt M. A. , Lewin A. Y . Outward Foreign Direct Investment as Escape Response to Home Country Institutional Constraints ［J］. Journal of International Business Studies, 2007, 38 （04）: 579 – 594.

［251］Woolcock M. , Narayan D. Social Capital: Implications for Development Theory, Research and Policy ［J］. The World Bank Research Observer, 2000, 15 （02）: 225 – 249.

［252］Zak P. J. , Knack S . Trust and Growth ［J］. Economic Journal, 2001, 111 （470）: 295 – 321.